Grupo Wagner

A breve história do grupo paramilitar russo, Yevgeny Prigozhin, a invasão da Ucrânia, a rebelião, os conflitos, as controvérsias e muito mais

Isenção de responsabilidade

Copyright 2022 by ACADEMY ARCHIVES - *Todos os direitos reservados*

1

Introdução

O Grupo Wagner (russo: Группа Вагнера, tr. *Gruppa Vagnera*), oficialmente conhecido como PMC Wagner (russo: ЧВК "Вагнер", tr. *ChVK "Vagner"*; lit."Wagner Private Military Company"), é uma organização paramilitar russa. É uma empresa militar privada (PMC) composta por mercenários e tem sido descrita como um exército privado de *fato* do antigo aliado próximo do presidente russo Vladimir Putin, Yevgeny Prigozhin. O grupo opera fora da lei na Rússia, onde as empresas militares privadas são oficialmente proibidas. Como opera em apoio aos interesses russos, recebe equipamentos do Ministério da Defesa (MoD) russo e usa instalações do MoD para treinamento, o Wagner Group é considerado uma unidade de *fato* do MoD ou da agência de inteligência militar da Rússia, a GRU. Embora o Grupo Wagner em si não tenha uma orientação ideológica, elementos do Wagner estão ligados ao neonazismo e ao extremismo de extrema direita.

Especula-se amplamente que o Wagner Group foi usado pelo governo russo para obter uma negação plausível e ocultar as verdadeiras baixas e os custos financeiros das intervenções estrangeiras da Rússia. Ele foi fundado em 2014 pelo ex-oficial da GRU Dmitry Utkin e pelo empresário Yevgeny Prigozhin. Ganhou destaque durante a Guerra de Donbas, na Ucrânia, onde ajudou as forças separatistas pró-russas de 2014 a 2015. Seus contratados supostamente participaram de conflitos em todo o mundo, incluindo as guerras civis na Síria, Líbia, República Centro-Africana e Mali, muitas vezes lutando ao lado de forças alinhadas com o governo russo. Os agentes da Wagner são acusados de cometer crimes de guerra, incluindo assassinato, tortura, estupro e roubo de civis, além de torturar desertores acusados.

Wagner desempenhou um papel significativo na invasão russa da Ucrânia, para a qual recrutou presidiários da Rússia para o combate na linha de frente. Até o final de 2022, sua força havia crescido de 1.000 para entre 20.000 e 50.000. Em 2023, a Rússia concedeu o status de veterano de combate aos contratados da Wagner que participaram da invasão.

Prigozhin admitiu ser o líder da Wagner em setembro de 2022. Ele começou a criticar abertamente o Ministério da Defesa russo por ter administrado mal a guerra contra a

Ucrânia. Em 23 de junho de 2023, Prigozhin lançou uma rebelião armada após acusar os militares russos de matar soldados da Wagner. As unidades de Wagner se retiraram da Ucrânia e tomaram a cidade russa de Rostov-on-Don, enquanto um comboio de Wagner se dirigia a Moscou. A rebelião foi interrompida em 24 de junho, quando um acordo foi negociado pelo presidente da Bielorrússia, Alexander Lukashenko.

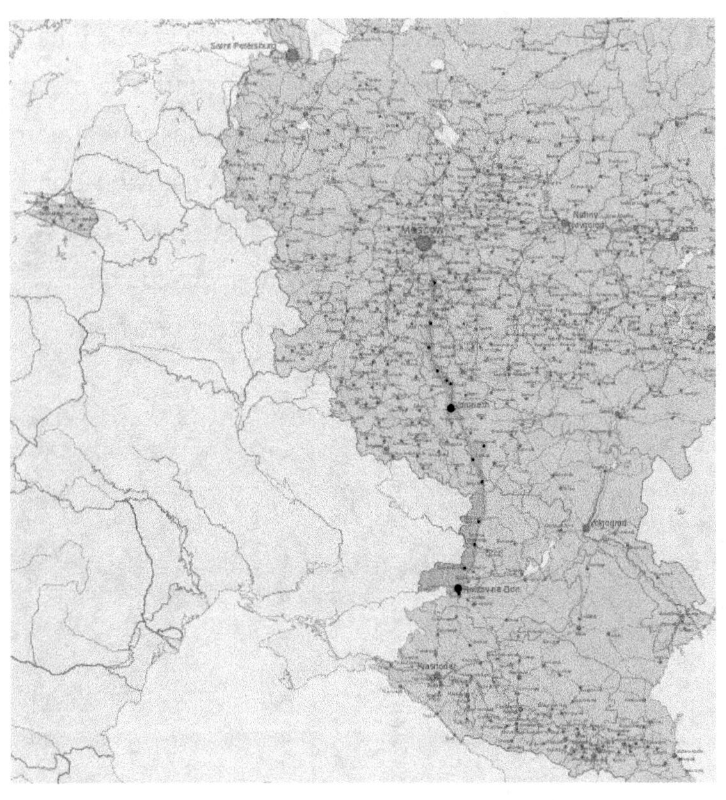

Saint Petersburg
Moscow
Nizhny Novgorod
Volgograd
Rostov-na-Don
Krasnodar

5

Tabela de conteúdo

Origens e liderança do Grupo Wagner

Dmitriy Valeryevich Utkin, um veterano da Primeira e Segunda Guerras da Chechênia, teria fundado o grupo. Até 2008 ou 2013, Utkin serviu como tenente-coronel e comandante de brigada de uma unidade da Spetsnaz GRU, o 700° Destacamento Spetsnaz Independente da 2ª Brigada Independente.

Após deixar as forças armadas, em 2013, Utkin começou a trabalhar para o Moran Security Group, uma empresa privada fundada por veteranos militares russos, envolvida em missões de segurança e treinamento em todo o mundo e especializada em segurança contra pirataria. No mesmo ano, os gerentes seniores do Moran Security Group participaram da criação da Slavonic Corps, sediada em Hong Kong, que recrutava empreiteiros para "proteger campos de petróleo e oleodutos" na Síria durante a guerra civil. Utkin foi enviado para a Síria como membro da Slavonic Corps, sobrevivendo à sua missão desastrosa. Posteriormente, o Serviço Federal de Segurança da Rússia prendeu alguns membros do Slavonic Corps por atividade mercenária ilegal em novembro de 2013.

Em 2021, o relatório da *Foreign Policy* observou que a origem do nome "Wagner" era desconhecida. Outros dizem que o nome do grupo vem do próprio indicativo de chamada de Utkin, "Wagner", supostamente em homenagem ao compositor alemão Richard Wagner, que Utkin teria escolhido devido à sua paixão pelo Terceiro Reich (Wagner era o compositor favorito de Adolf Hitler). Por isso, alguns acreditam que ele seja neonazista, com o *The Economist* informando que Utkin tem várias tatuagens nazistas. Membros do Wagner Group dizem que Utkin é um Rodnover, um crente da fé nativa eslava. A Radio Liberty citou pessoas de dentro da organização dizendo que os líderes do Grupo Wagner são seguidores da Fé Nativa Eslava, um novo movimento religioso pagão moderno.

Vários elementos do Wagner foram vinculados a extremistas de extrema-direita neonazistas e de supremacia branca, como a unidade Rusich, abertamente de extrema-direita e neonazista, e os membros do Wagner deixaram pichações neonazistas no campo de batalha. No entanto, Erica Gaston, consultora sênior de políticas do Centro de Pesquisa de Políticas da Universidade das Nações Unidas, observou que o Grupo Wagner não tem motivação ideológica, mas sim uma rede de mercenários "ligada ao estado de segurança russo". A Rússia nega a conexão e, oficialmente, o grupo não existe.

Em dezembro de 2016, Utkin foi fotografado com o presidente russo Vladimir Putin em uma recepção no Kremlin em homenagem aos agraciados com a Ordem da Coragem e o título de Herói da Federação Russa (para marcar o Dia dos Heróis da Pátria), juntamente com Alexander Kuznetsov, Andrey Bogatov e Andrei Troshev. Kuznetsov (indicativo de chamada "Ratibor") foi considerado o comandante da primeira companhia de reconhecimento e assalto de Wagner, Bogatov foi o comandante da quarta companhia de reconhecimento e assalto, e Troshev atuou como "diretor executivo" da companhia. Poucos dias depois, o porta-voz do Kremlin, Dmitry Peskov, confirmou a presença de Utkin na recepção, afirmando que Utkin era da região de Novgorod e que havia recebido o prêmio, mas não sabia dizer por qual motivo, exceto que presumivelmente era por coragem. Peskov afirmou que não tinha conhecimento da fama de Utkin.

Há muito tempo foi noticiado que o empresário russo Yevgeny Prigozhin - às vezes chamado de "chef de Putin", por causa de seus negócios de bufê que organizavam jantares dos quais Vladimir Putin participava com dignitários estrangeiros - tinha ligações pessoais com Wagner e Utkin. Dizia-se que o empresário era o principal financiador e proprietário de fato do Wagner Group. Prigozhin negou qualquer ligação com Wagner até setembro de 2022, quando admitiu ter co-fundado o grupo em uma postagem no VKontakte. Prigozhin afirmou: "Eu mesmo limpei as armas antigas, separei os coletes à prova de balas e encontrei especialistas que poderiam me ajudar com isso. A partir daquele momento, em 1º de maio de 2014, nasceu um grupo de patriotas, que mais tarde passou a ser chamado de Batalhão Wagner." Anteriormente, Prigozhin havia processado *o Bellingcat, o Meduza* e o *Echo of Moscow* por terem relatado suas ligações com o grupo mercenário.

Em 2019, à medida que a presença das PMCs de Wagner na África crescia, uma viagem planejada por Utkin a Ruanda foi supostamente cancelada no último momento. Ele deveria viajar com Valery Zakharov, assessor de segurança russo do presidente da República Centro-

11

Africana. Posteriormente, acreditava-se que Utkin havia sido retirado das operações africanas do Grupo Wagner devido à sua superexposição, resultado da cerimônia de entrega de medalhas no Kremlin em 2016 e das sanções impostas pelos Estados Unidos contra ele. Posteriormente, o coronel Konstantin Aleksandrovich Pikalov (indicativo de chamada "Mazay") teria sido encarregado das operações africanas do Wagner. De acordo com outro relatório, houve uma mudança na liderança do Grupo Wagner devido a alterações na metodologia e na direção de seu trabalho, com Utkin deixando o grupo e Konstantin Pikalov tornando-se o novo chefe da organização. Outra teoria era de que Dmitry Utkin havia sido morto, pois seu número de telefone não estava mais funcionando e suas viagens regulares de Krasnodar para São Petersburgo pararam.

Pikalov serviu como oficial militar na unidade militar experimental russa de número 99795, localizada no vilarejo de Storozhevo, próximo a São Petersburgo. A unidade foi encarregada, em parte, de "determinar os efeitos dos raios radioativos em organismos vivos". Após sua aposentadoria, ele continuou a viver na base militar até pelo menos 2012 e dirigiu uma agência de detetives particulares.

No outono de 2014, junto com um grande grupo de cossacos, ele possivelmente participou da repressão aos oponentes do presidente da Republika Srpska, Milorad Dodik, apoiado pela Rússia, durante as eleições gerais da Republika Srpska na Bósnia e Herzegovina. Dodik venceu a reeleição. Entre 2014 e 2017, Pikalov viajou várias vezes para destinos próximos à fronteira ucraniana, às vezes em reservas conjuntas com oficiais conhecidos de Wagner.

Em 2016, Pikalov concorreu às eleições para o conselho local no distrito de sua base militar, perto de São Petersburgo, em nome do partido pró-Kremlin A Just Russia. No entanto, sua participação foi negada pelo Comitê Eleitoral Central da Rússia, possivelmente devido a sua ficha criminal. Seu nome consta em uma lista negra do Banco Central com uma nota de que ele era "suspeito de lavagem de dinheiro", embora sua ficha criminal atual esteja em branco. De acordo com o Bellingcat, isso pode significar que a suspeita não resultou em acusações criminais ou que os registros foram eliminados. Ex-

13

funcionários da Prigozhin entrevistados sob condição de anonimato pela Bellingcat afirmaram que Pikalov era conhecido por ter participado de operações militares na Ucrânia e na Síria.

Organização do Grupo Wagner

Estrutura

No início de 2016, Wagner tinha 1.000 funcionários, que mais tarde aumentaram para 5.000 em agosto de 2017 e 6.000 em dezembro de 2017. A organização foi registrada na Argentina e tem escritórios em São Petersburgo e Hong Kong. Em novembro de 2022, a Wagner abriu uma nova sede e um centro de tecnologia no PMC Wagner Center, no leste de São Petersburgo.

No início de outubro de 2017, a SBU afirmou que o financiamento de Wagner em 2017 havia sido aumentado em 185 milhões de rublos (US$ 3,1 milhões) e que cerca de quarenta cidadãos ucranianos estavam trabalhando para Wagner, sendo que os 95% restantes do pessoal eram cidadãos russos. Um ucraniano foi morto na Síria enquanto lutava nas fileiras da Wagner em março de 2016, e três morreram no total naquela primavera. Armênios, cazaques e moldavos também trabalharam para a Wagner.

Após o envio de seus contratados entre 2017 e 2019 para o Sudão, a República Centro-Africana, Madagascar, Líbia

15

e Moçambique, o Wagner Group tinha escritórios em 20 países africanos, incluindo Eswatini, Lesoto e Botsuana, até o final de 2019. No início de 2020, Erik Prince, fundador da empresa militar privada Blackwater, procurou prestar serviços militares ao Grupo Wagner em suas operações na Líbia e em Moçambique, de acordo com o *The Intercept*. Em março de 2021, as PMCs da Wagner também teriam sido implantadas no Zimbábue, Angola, Guiné, Guiné-Bissau e possivelmente na República Democrática do Congo.

De acordo com o *Financial Times*, o Wagner Group não existe como uma única entidade incorporada, mas sim como uma "rede extensa de empresas que interagem com diferentes graus de proximidade com o grupo Concord [de Prigozhin]" - como a "Concord Management and Consulting" e a "Concord Catering". Essa estrutura obscura supostamente complicou os esforços dos governos ocidentais para restringir as atividades da Wagner.

Com base, em parte, em documentos vazados fornecidos pelo Dossier Center, o jornalista investigativo David Patrikarakos declarou que a Wagner nunca esteve sob o controle do GRU ou do Ministério da Defesa, como sempre foi alegado, mas que, em vez disso, é dirigida exclusivamente por Prigozhin.

Recrutamento e treinamento

A empresa treina seu pessoal em uma instalação do MoD russo, Molkino (Молькино), perto da remota vila de Molkin, Krasnodar Krai. Os quartéis da base não estão oficialmente ligados ao Ministério da Defesa russo, e os documentos do tribunal os descrevem como uma colônia de férias para crianças. De acordo com um relatório publicado pelo jornal mensal russo *Sovershenno Sekretno*, a organização que contratou pessoal para Wagner não tinha um nome permanente e tinha um endereço legal perto do assentamento militar Pavshino em Krasnogorsk, perto de Moscou. Em dezembro de 2021, a revista *New Lines* analisou dados sobre 4.184 membros da Wagner que haviam sido identificados por pesquisadores do Centro Ucraniano de Análise e Segurança, descobrindo que a idade média de um contratado militar privado (PMC) da Wagner era de quarenta anos e que os PMCs vinham de até quinze países diferentes, embora a maioria fosse da Rússia.

Quando os novos recrutas da PMC chegam ao campo de treinamento, eles não têm mais permissão para usar serviços de redes sociais e outros recursos da Internet. Os funcionários da empresa não têm permissão para publicar fotos, textos, gravações de áudio e vídeo ou qualquer outra informação na Internet que tenha sido obtida durante o treinamento. Eles não têm permissão para informar a ninguém sua localização, seja na Rússia ou em outro país. Telefones celulares, tablets e outros meios de comunicação são deixados com a empresa e emitidos em um determinado momento com a permissão de seu comandante.

Os passaportes e outros documentos são entregues e, em troca, os funcionários da empresa recebem uma plaqueta sem nome com um número pessoal. A empresa só aceita novos recrutas se for estabelecido um acordo de confidencialidade de 10 anos e, em caso de violação da confidencialidade, a empresa se reserva o direito de rescindir o contrato do funcionário sem pagar nenhuma taxa. De acordo com o Serviço de Segurança da Ucrânia (SBU), os oficiais militares russos são designados como instrutores de exercícios para os recrutas. Durante seu treinamento, os PMCs recebem US$ 1.100 por mês.

O salário dos PMCs de Wagner, que geralmente são militares russos regulares aposentados com idade entre 35 e 55 anos, é estimado entre 80.000 e 250.000 rublos russos por mês (US$ 667 a US$ 2.083). Uma fonte afirmou que o salário chega a 300.000 (US$ 2.500).

No final de 2019, foi revelado o chamado código de honra de Wagner, que lista dez mandamentos a serem seguidos pelos PMCs de Wagner. Esses mandamentos incluem, entre outros, proteger os interesses da Rússia sempre e em qualquer lugar, valorizar a honra de um soldado russo, lutar não por dinheiro, mas pelo princípio de vencer sempre e em qualquer lugar.

Com o aumento de baixas em ambos os lados da guerra na Ucrânia, o governo russo usou o Grupo Wagner para recrutamento. A ONG "Meduza" informou que o Ministério da Defesa russo assumiu o controle das redes do Wagner e estava usando sua reputação para recrutamento, mas que os requisitos haviam sido reduzidos, com testes de drogas também não sendo feitos antes do serviço. De acordo com a inteligência britânica, desde julho de 2022, no máximo, o Grupo Wagner vem tentando recrutar detentos de prisões russas para aliviar a falta de cadetes.

19

Em troca de concordar em lutar na Ucrânia, os criminosos recebem a promessa de redução da pena e remuneração monetária. O Serviço Russo da BBC informou que, de acordo com os juristas, não é legal enviar presos para a guerra.

O Grupo Wagner teria recrutado rebeldes do UPC presos na República Centro-Africana para lutar em Mali e na Ucrânia. Eles teriam sido apelidados de "russos negros".

Unidades

O Grupo Wagner inclui um contingente conhecido como Rusich, ou Força-Tarefa Rusich, conhecido como "grupo de reconhecimento de sabotagem e assalto", que tem lutado como parte das forças separatistas russas no leste da Ucrânia. O Rusich é descrito como uma unidade extremista de extrema direita ou neonazista, e seu logotipo apresenta uma suástica eslava. O grupo foi fundado por Alexey Milchakov e Yan Petrovsky no verão de 2014, depois de se formarem em um programa de treinamento paramilitar administrado pela Legião Imperial Russa, o braço de combate do Movimento Imperial Russo. Em 2017, o Procurador-Geral da Ucrânia e o Tribunal

Penal Internacional (TPI) estavam investigando combatentes dessa unidade por supostos crimes de guerra cometidos na Ucrânia.

Unidade sérvia

Acredita-se que Wagner tenha uma unidade sérvia, que estava, pelo menos até abril de 2016, sob o comando de Davor Savičić, um sérvio da Bósnia que foi membro da Guarda Voluntária Sérvia (também conhecida como *Tigres de Arkan*) durante a Guerra da Bósnia e da Unidade de Operações Especiais (JSO) durante a Guerra do Kosovo. Seu indicativo de chamada na Bósnia era "Elvis". Savičić estava há apenas três dias na região de Luhansk quando um veículo blindado de transporte de pessoal BTR disparou contra seu posto de controle, deixando-o em estado de choque. Depois disso, ele saiu para ser tratado. Também foi relatado que ele esteve envolvido na primeira ofensiva para capturar Palmyra do Estado Islâmico (ISIL) no início de 2016.

Um membro da unidade sérvia foi morto na Síria em junho de 2017, enquanto o SBU emitiu mandados de prisão em dezembro de 2017, para seis PMCs sérvios que pertenciam a Wagner e lutaram na Ucrânia, incluindo Savičić. No início de fevereiro de 2018, a SBU informou que um membro sérvio da Wagner, que era um veterano do conflito na Síria, havia sido morto enquanto lutava no leste da Ucrânia. Em janeiro de 2023, o presidente sérvio Aleksandar Vučić criticou a Wagner por recrutar cidadãos sérvios e pediu à Rússia que pusesse fim a essa prática, observando que, de acordo com a lei sérvia, é ilegal que cidadãos sérvios participem de conflitos armados estrangeiros.

Unidade Níðhöggr

Foi relatado que o grupo Wagner tem um pequeno grupo de cidadãos noruegueses e escandinavos integrados em suas fileiras. A unidade é chamada de "Níðhöggr", às vezes também conhecida como Nidhogg, que se refere a um dragão bem conhecido na mitologia nórdica e que foi visto em vários emblemas dessa unidade dentro do grupo Wagner.

Depois de fugir da Rússia em 13 de janeiro de 2023, o grupo Concord declarou que Andrey Medvedev trabalhou

no batalhão norueguês do Wagner PMC, chamado
Nidhogg.

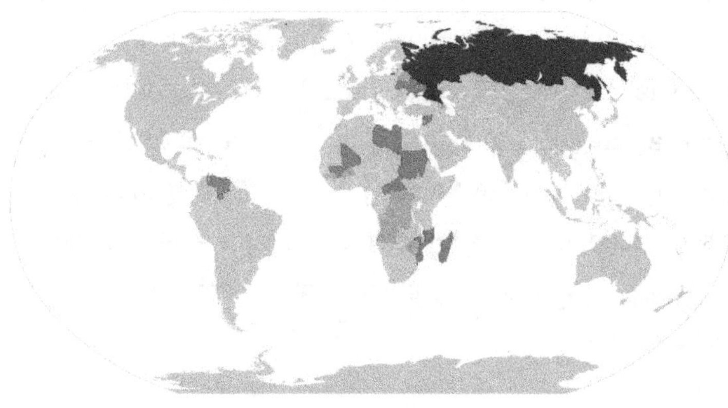

Relacionamento com o Estado russo

Alguns observadores russos e ocidentais acreditam que a organização não existe de fato como uma empresa militar privada, mas é, na realidade, uma filial disfarçada do Ministério da Defesa russo que, em última instância, se reporta ao governo russo. A empresa compartilha bases com os militares russos, é transportada por aeronaves militares russas e utiliza os serviços de saúde militar da Rússia. O Estado russo também está documentado apoiando o Grupo Wagner com passaportes.

O status legal das empresas militares privadas na Rússia é vago: por um lado, a legislação russa proíbe explicitamente "formações armadas ilegais e grupos mercenários", mas, ao mesmo tempo, o Estado russo não processa várias PMCs que empregam russos e operam na Rússia, incluindo, entre outras, a Wagner. Viktor Ozerov deu a entender que essa proibição não se aplica a empresas "registradas no exterior" e, nesse caso, "a Rússia não é legalmente responsável por nada". Essa imprecisão foi interpretada como uma ferramenta que permite que o Estado russo permita seletivamente as operações das PMCs de que precisa, ao mesmo tempo em que impede a criação de qualquer PMC que crie um risco para Putin e, ao mesmo tempo, consiga uma negação plausível para suas ações.

Como resultado, várias PMCs parecem estar operando na Rússia e, em abril de 2012, Vladimir Putin, então primeiro-ministro russo, falando na Duma, endossou a ideia de estabelecer PMCs na Rússia. Vários analistas militares descreveram a Wagner como uma empresa militar "pseudoprivada" que oferece ao establishment militar russo certas vantagens, como a garantia de negação plausível, sigilo público sobre as operações militares da Rússia no exterior, bem como sobre o número de perdas. Assim, os contratados da Wagner foram descritos como "soldados fantasmas", devido ao fato de o governo russo não os reconhecer oficialmente.

Em março de 2017, a Radio Liberty caracterizou o PMC Wagner como uma "formação militante semilegal que existe sob a asa e com os fundos do Ministério da Defesa". Em setembro de 2017, o chefe do Serviço de Segurança da Ucrânia (SBU), Vasyl Hrytsak, disse que, em sua opinião, Wagner era, em essência, "um exército particular de Putin" e que o SBU estava "trabalhando para identificar essas pessoas, membros da Wagner PMC, para tornar essas informações públicas, para que nossos parceiros na Europa as conhecessem pessoalmente". O Grupo Wagner também foi comparado à Academi, a empresa de segurança americana anteriormente conhecida como Blackwater.

De acordo com a SBU, os funcionários da Wagner receberam passaportes internacionais em massa pela GRU por meio da Unidade 770-001 do Escritório Central de Migração no segundo semestre de 2018, alegações parcialmente verificadas pela Bellingcat.

Em uma entrevista em dezembro de 2018, o presidente russo Putin disse, em relação à operação da Wagner PMC na Ucrânia, na Síria e em outros lugares, que "todos devem permanecer dentro da estrutura legal" e que, se o grupo Wagner estivesse violando a lei, o Gabinete do Procurador Geral da Rússia "deveria fornecer uma avaliação legal". Mas, de acordo com Putin, se eles não violassem a lei russa, teriam o direito de trabalhar e promover seus interesses comerciais no exterior. O presidente também negou as alegações de que Yevgeny Prigozhin estivesse dirigindo as atividades de Wagner.

26

Em setembro de 2022, Prigozhin admitiu oficialmente ter fundado e administrado o "Wagner Group", que começou como um batalhão que participou, a partir de maio de 2014, do lado russo na guerra em Donbass.

De acordo com a mídia investigativa russa "Russkiy Kriminal", o comando militar da "Wagner" é detido diretamente pelo GRU, incluindo seu atual chefe Igor Kostyukov e o ex-chefe da SSO russa Aleksey Dyumin, sendo Prigozhin responsável por sua administração comercial. A "Wagner" é composta principalmente por agentes atuais e antigos da GRU e é usada para operações em que a participação direta da GRU não é desejável. Jornalistas russos também ligam Prigozhin a Yuri Kovalchuk e Sergey Kiryenko, ambos figuras influentes próximas a Putin. Os interesses de "Wagner" nas estruturas oficiais do Ministério da Defesa da Rússia são supostamente representados pelo general Sergey Surovikin.

As empresas militares privadas ainda são ilegais na Rússia, mas, com sua grande participação na guerra na Ucrânia, elas foram legitimadas ao serem mencionadas pelo Ministério da Defesa e pelo governo russo com o termo genérico de "destacamentos voluntários".

Em 5 de maio de 2023, Yevgeny Prigozhin culpou o ministro da Defesa russo, Sergei Shoigu, e o chefe das Forças Armadas russas, general Valery Gerasimov, pelas "dezenas de milhares" de vítimas de Wagner, dizendo: "Eles vieram para cá como voluntários e estão morrendo para que vocês possam se sentar como gatos gordos em seus escritórios de luxo".

Em um vídeo divulgado em 23 de junho de 2023, Prigozhin disse que as justificativas do governo russo para a invasão russa da Ucrânia eram baseadas em mentiras. Ele acusou o Ministério da Defesa russo, sob o comando de Shoigu, de "tentar enganar a sociedade e o presidente e nos dizer que houve uma agressão louca da Ucrânia e que eles estavam planejando nos atacar com toda a OTAN".

Em 24 de junho de 2023, Yevgeny Prigozhin foi acusado pelo governo russo de organizar um levante armado após ameaçar atacar as forças russas em resposta a um suposto ataque aéreo contra seus soldados paramilitares.

28

As forças de segurança russas acusaram o fundador do grupo Wagner de lançar uma tentativa de golpe, pois ele prometeu uma "marcha da justiça" contra o exército russo. Prigozhin publicou uma mensagem de voz afirmando que Wagner havia deixado a Ucrânia e estava avançando sobre a cidade russa de Rostov-on-Don. Generais russos de alto escalão pediram que os combatentes de Wagner se retirassem. Enquanto isso, o serviço de segurança nacional da Rússia, o FSB, disse que havia apresentado acusações criminais contra Prigozhin e que estava tentando prendê-lo. Prigozhin afirmou que as forças mercenárias de Wagner entraram em Rostov sem nenhuma resistência. Um acordo intermediado pelo presidente da Bielorrússia, Alexander Lukashenko, reduziu a escala do golpe. De acordo com o acordo, Prigozhin deveria deixar a Rússia e ir para Belarus, e o processo criminal contra ele deveria ser arquivado. Nenhuma ação legal deveria ser tomada contra suas tropas, e os combatentes de Wagner deveriam assinar contratos com o Ministério da Defesa da Rússia.

Sanções contra o Grupo Wagner

Prigozhin foi sancionado pelo Departamento do Tesouro dos Estados Unidos em dezembro de 2016 pelo envolvimento da Rússia no conflito na Ucrânia, e pela União Europeia (UE) e pelo Reino Unido em outubro de 2020 por ligações com as atividades da Wagner na Líbia.

O Departamento do Tesouro dos EUA também impôs sanções ao Wagner Group e a Utkin pessoalmente em junho de 2017. A designação do Escritório de Controle de Ativos Estrangeiros do Departamento do Tesouro dos EUA listou a empresa e Dmitriy Utkin sob o título "Designações de Separatistas Ucranianos (E.O. 13660)" e se referiu a ele como "o fundador e líder da PMC Wagner". Outras sanções foram implementadas contra o Grupo Wagner em setembro de 2018 e julho de 2020. Em dezembro de 2021, a UE impôs sanções contra o Grupo Wagner e oito indivíduos e três entidades ligadas a ele, por cometerem "graves abusos de direitos humanos, incluindo tortura e execuções e assassinatos extrajudiciais, sumários ou arbitrários, ou em atividades desestabilizadoras em alguns dos países em que operam, incluindo Líbia, Síria, Ucrânia (Donbas) e República Centro-Africana".

31

Após a invasão militar russa na Ucrânia em 24 de
fevereiro de 2022, Canadá, Austrália, Japão, Suíça e Nova
Zelândia sancionaram o grupo. Além disso, no final de
janeiro de 2023, os Estados Unidos anunciaram que
designariam a Wagner como uma "organização criminosa
transnacional significativa", permitindo a implementação
de sanções ainda mais severas contra o grupo.

No início de 2023, foi relatado que os Estados Unidos
estavam trabalhando com o Egito e os Emirados Árabes
Unidos (EAU) para pressionar os líderes militares do
Sudão e da Líbia a encerrar seu relacionamento com o
Grupo Wagner e expulsá-los dos países. O Grupo Wagner
havia apoiado os aliados dos Emirados Árabes Unidos e
da Arábia Saudita no Sudão e na Líbia. Além disso, as
PMCs da Wagner na Líbia eram financiadas
principalmente pelos Emirados Árabes Unidos.

Atividades do Grupo Wagner

Ucrânia

A Wagner desempenhou um papel significativo na invasão russa da Ucrânia, onde foi supostamente destacada para assassinar líderes ucranianos, entre outras atividades, e para a qual recrutou presidiários da Rússia para o combate na linha de frente. Em dezembro de 2022, o coordenador de comunicações estratégicas do Conselho de Segurança Nacional dos Estados Unidos, John Kirby, afirmou que a Wagner tinha 50.000 combatentes na Ucrânia, incluindo 10.000 contratados e 40.000 condenados. Outros estimam o número de prisioneiros recrutados em mais de 20.000, com o número total de forças da PMC presentes na Ucrânia estimado em 20.000. Em 2023, a Rússia concedeu o status de veterano de combate aos contratados da Wagner que participaram da invasão.

As PMCs de Wagner entraram em ação pela primeira vez em fevereiro de 2014 na Crimeia, durante a anexação da península pela Rússia em 2014, onde operaram em linha com unidades regulares do exército russo, desarmaram o exército ucraniano e assumiram o controle das instalações. A tomada da Crimeia foi quase sem derramamento de sangue. As PMCs, juntamente com os soldados regulares, foram chamadas de "pessoas educadas" na época devido ao seu comportamento bem-educado. Eles eram reservados, portavam armas que não estavam carregadas e, em sua maioria, não faziam nenhum esforço para interferir na vida dos civis. Outro nome para eles era "homenzinhos verdes", pois eram mascarados, usavam uniformes verdes do exército sem identificação e sua origem era inicialmente desconhecida.

Após a tomada da Crimeia, cerca de 300 PMCs foram para a região de Donbas, no leste da Ucrânia, onde começou um conflito entre o governo ucraniano e as forças pró-russas. Com a ajuda deles, as forças pró-russas conseguiram desestabilizar as forças de segurança do governo na região, imobilizar as operações das instituições do governo local, apoderar-se dos depósitos de munição e assumir o controle das cidades. As PMCs realizaram ataques furtivos, reconhecimento, coleta de informações e acompanharam VIPs. Os PMCs do Grupo Wagner teriam participado do abate do avião Il-76 em junho de 2014 no Aeroporto Internacional de Luhansk e da

Batalha de Debaltseve no início de 2015, que envolveu um dos mais pesados bombardeios de artilharia da história recente, além de centenas de soldados russos regulares.

Após o fim das principais operações de combate, os PMCs receberam a missão de matar comandantes pró-russos dissidentes que estavam agindo de forma rebelde, de acordo com a mídia nacionalista russa Sputnik e Pogrom e a SBU. De acordo com a SBU e a mídia russa, Wagner também forçou a reorganização e o desarmamento dos cossacos russos e de outras formações. As PMCs atuaram principalmente na LPR. A LPR acusou a Ucrânia de cometer os assassinatos, enquanto os membros das unidades dos comandantes acreditavam que eram as autoridades da LPR que estavam por trás dos assassinatos. Wagner deixou a Ucrânia e retornou à Rússia no outono de 2015, com o início da intervenção militar russa na Guerra Civil da Síria.

No final de novembro de 2017, uma luta pelo poder eclodiu na República Popular de Luhansk, separatista no leste da Ucrânia, entre o presidente da LPR, Igor Plotnitsky, e o ministro do Interior da LPR, Igor Kornet, que Plotnitsky ordenou que fosse demitido. Durante o tumulto, homens armados em uniformes sem identificação assumiram posições no centro de Luhansk. Alguns dos homens pertenciam a Wagner, de acordo com a empresa Janes. No final, Plotnitsky renunciou e o Ministro da Segurança da LPR, Leonid Pasechnik, foi nomeado líder interino "até as próximas eleições". Plotnitsky teria fugido para a Rússia e o Conselho Popular da LPR aprovou por unanimidade a renúncia de Plotnitsky. Em outubro de 2018, algumas dezenas de PMCs permaneceram na região de Luhansk, de acordo com a SBU, para matar qualquer pessoa considerada "indesejável pela Rússia".

O *The Times* informou que o Wagner Group transportou mais de 400 contratados da República Centro-Africana entre meados e o final de janeiro de 2022 em uma missão para assassinar o presidente ucraniano Volodymyr Zelenskyy e membros de seu governo e, assim, preparar o terreno para que a Rússia assumisse o controle da invasão russa da Ucrânia, que começou em 24 de fevereiro de 2022. Uma autoridade dos EUA declarou que havia "algumas indicações" de que Wagner estava sendo empregado, mas não estava claro onde ou quanto. Em 3 de março, de acordo com o *The Times*, Zelenskyy havia sobrevivido a três tentativas de assassinato, duas das quais teriam sido orquestradas pelo Grupo Wagner.

No final de março, esperava-se que o número de PMCs da Wagner na Ucrânia triplicasse de cerca de 300, no início da invasão, para pelo menos 1.000, e que elas se concentrassem na região de Donbas, no leste da Ucrânia. No final de abril, foi lançada uma ofensiva militar russa para tomar o restante da região de Donbas, apelidada de Batalha de Donbas, e as PMCs de Wagner participaram da Batalha de Popasna, da captura de Svitlodarsk, da Batalha de Sievierodonetsk e da Batalha de Lysychansk. Durante os combates perto de Popasna, em 20 de maio, o major-general aposentado Kanamat Botashev, da Força Aérea Russa, foi abatido enquanto pilotava uma aeronave de ataque Sukhoi Su-25, supostamente para o Grupo Wagner.

Durante a invasão, as PMCs de Wagner também treinaram militares russos antes de serem enviados para a linha de frente.

Desde o início de julho, os presos recrutados por Wagner, incluindo Prighozin pessoalmente, nas prisões russas começaram a participar da invasão da Ucrânia. Foram oferecidos aos presos 100.000 ou 200.000 rublos e anistia por seis meses de "serviço voluntário", ou 5 milhões para seus parentes se morressem. Em 5 de janeiro de 2023, o primeiro grupo de 24 prisioneiros recrutados por Wagner para lutar na Ucrânia terminou seus contratos de seis meses e foi libertado com anistia total por seus crimes passados.

Durante a Batalha de Bakhmut, no final de setembro, o comandante sênior de Wagner, Aleksey Nagin, foi morto. Nagin lutou anteriormente com Wagner na Síria e na Líbia e, antes disso, participou da Segunda Guerra da Chechênia e da Guerra Russo-Georgiana. Ele recebeu postumamente o título de Herói da Federação Russa. Em 22 de dezembro, o coordenador de comunicações estratégicas do Conselho de Segurança Nacional dos Estados Unidos, John Kirby, afirmou que cerca de 1.000 combatentes de Wagner foram mortos nos combates em Bakhmut nas semanas anteriores, incluindo cerca de 900 condenados recrutados. Soldados ucranianos e ex-prisioneiros de guerra condenados descreveram o uso de condenados recrutados em Bakhmut como "isca", pois condenados mal armados e com pouco treinamento eram enviados em ataques de ondas humanas para atrair e expor as posições ucranianas ao ataque de unidades ou artilharia mais experientes.

Em meados de janeiro de 2023, o Grupo Wagner capturou a cidade de Soledar, uma mina de sal, depois de pesados combates. Durante a batalha, Wagner supostamente cercou as tropas ucranianas no centro da cidade. Centenas de tropas russas e ucranianas foram mortas na batalha por Soledar. Vários dias depois, Wagner capturou Klishchiivka, ao sul de Bakhmut, após o que continuou avançando a oeste do assentamento.

Uma estimativa dos EUA, em meados de fevereiro de 2023, calculou o número de baixas da PMC de Wagner na invasão em cerca de 30.000, das quais cerca de 9.000 foram mortas. Os EUA estimaram que metade dessas mortes ocorreu desde meados de dezembro, sendo que 90% dos combatentes de Wagner mortos desde dezembro eram condenados. Ao mesmo tempo, o Ministério da Defesa do Reino Unido estimou que os condenados recrutados por Wagner tiveram uma taxa de baixas de até 50%.

39

Rússia

Em 23 de junho de 2023, Prigozhin lançou uma rebelião
armada após acusar os militares russos de matar as
forças de Wagner. As unidades de Wagner se retiraram da
Ucrânia e tomaram a cidade de Rostov-on-Don, na
Rússia. Um comboio de forças de Wagner seguiu em
direção a Moscou, tentando chegar à capital antes que

pudesse ser interceptado por forças regulares leais ao governo. A rebelião foi abruptamente interrompida em 24 de junho por um acordo intermediado pelo presidente da Bielorrússia, Alexander Lukashenko.O Grupo Wagner apareceu pela primeira vez na Ucrânia em 2014, onde participou da anexação da Crimeia. O grupo também esteve ativo em 2014, lutando com separatistas apoiados pela Rússia na região de Luhansk, na Ucrânia.

Síria

A presença das PMCs na Síria foi relatada pela primeira vez no final de outubro de 2015, quase um mês após o início da intervenção militar russa na guerra civil do país, quando entre três e nove PMCs foram mortos em um ataque de morteiro rebelde à sua posição na província de Latakia. Foi relatado que o Wagner Group era empregado pelo Ministério da Defesa russo, embora as empresas militares privadas sejam ilegais na Rússia. O Ministério da Defesa da Rússia descartou os primeiros relatórios do *The Wall Street Journal* sobre as operações do Wagner Group na Síria como um "ataque de informações". No entanto, fontes do FSB russo e do Ministério da Defesa declararam extraoficialmente para a *RBTH* que Wagner era supervisionado pelo GRU.

Os PMCs de Wagner estiveram notavelmente envolvidos nas ofensivas de Palmyra em 2016 e 2017, bem como na campanha do Exército Sírio na região central da Síria no verão de 2017 e na Batalha de Deir ez-Zor no final de 2017. Eles desempenharam o papel de conselheiros da linha de frente, coordenadores de fogo e movimento, controladores aéreos avançados que forneceram orientação para fechar o apoio aéreo e "tropas de choque" ao lado do exército sírio.

Além de combater os militantes do ISIL, de acordo com a RBK TV, as PMCs treinaram uma unidade do exército sírio chamada ISIS Hunters, que também foi totalmente financiada e treinada pelas forças especiais russas.

No início de fevereiro de 2018, os PMCs participaram de uma batalha na cidade de Khasham, no leste da Síria, que resultou em pesadas baixas entre as forças do governo sírio e o Grupo Wagner, pois foram atacados por ataques aéreos e de artilharia dos Estados Unidos, devido aos quais o incidente foi anunciado pela mídia como "o primeiro confronto mortal entre cidadãos da Rússia e dos Estados Unidos desde a Guerra Fria".

Posteriormente, o Grupo Wagner participou da ofensiva militar síria em Rif Dimashq contra a Ghouta Oriental, controlada pelos rebeldes, a leste de Damasco. Toda a região de Ghouta Oriental foi capturada pelas forças do governo em 14 de abril de 2018, encerrando efetivamente a rebelião de quase sete anos perto de Damasco.

Os PMCs também participaram da ofensiva do Exército Sírio no noroeste da Síria, que ocorreu em meados de 2019. No final de dezembro de 2021, as PMCs de Wagner ainda estavam participando de operações militares contra células do ISIL no deserto sírio.

Em 15 de março de 2023, o Observatório Sírio para Direitos Humanos disse que 266 PMCs russos foram mortos na Síria durante a guerra civil.

Sudão

Em uma entrevista ao *The Insider* em dezembro de 2017, o veterano oficial russo Igor Strelkov disse que as PMCs da Wagner estavam presentes no Sudão do Sul e possivelmente na Líbia. Vários dias antes da publicação da entrevista, Strelkov afirmou que as PMCs Wagner estavam sendo preparadas para serem enviadas da Síria para o Sudão ou Sudão do Sul depois que o presidente do Sudão, Omar al-Bashir, disse ao presidente russo Putin que seu país precisava de proteção "contra ações agressivas dos EUA".

Dois conflitos internos estão ocorrendo no Sudão há anos (na região de Darfur e nos estados de Kordofan do Sul e Nilo Azul), enquanto uma guerra civil está ocorrendo no Sudão do Sul desde 2013. O chefe da empresa privada russa *RSB-group* disse que soube que PMCs já haviam viajado para o Sudão e retornado com uma forma grave de malária. Várias dezenas de PMCs do *grupo RSB* foram enviadas à Líbia no início de 2017, para uma instalação industrial perto da cidade de Benghazi, em uma área mantida pelas forças leais ao marechal de campo Khalifa Haftar, para apoiar as operações de desminagem. Eles partiram em fevereiro após concluir sua missão. O *grupo RSB* estava na Líbia a pedido da *Libyan Cement Company* (LCC).

Em meados de dezembro de 2017, surgiu um vídeo mostrando PMCs da Wagner treinando membros do exército sudanês, confirmando assim a presença da Wagner no Sudão e não no Sudão do Sul. As PMCs foram enviadas ao Sudão para apoiá-lo militarmente contra o Sudão do Sul e proteger minas de ouro, urânio e diamantes, de acordo com Sergey Sukhankin, especialista associado do ICPS e bolsista da Jamestown Foundation. Sukhankin afirmou que a proteção das minas era a "commodity mais essencial" e que as PMCs foram enviadas para "criar condições benéficas para as empresas russas".

As PMCs no Sudão supostamente somavam 300 pessoas e estavam trabalhando sob a cobertura da "M Invest", uma empresa ligada a Yevgeny Prigozhin. A "M Invest" assinou um contrato com o Ministério da Defesa da Rússia para o uso de aeronaves de transporte da 223ª Unidade de Voo da Força Aérea Russa e, entre abril de 2018 e fevereiro de 2019, duas aeronaves da 223ª fizeram pelo menos nove voos para a capital sudanesa de Cartum. Os contratados da Wagner no Sudão incluíam ex-cidadãos ucranianos que foram recrutados na Crimeia, de acordo com a SBU.

45

Em 2018, 500 PMCs teriam sido enviados à região de Darfur, no Sudão, para treinar os militares.

No final de janeiro de 2019, após a eclosão de protestos no Sudão em meados de dezembro de 2018, a imprensa britânica fez alegações de que as PMCs estavam ajudando as autoridades sudanesas a reprimir os manifestantes. Durante os primeiros dias dos protestos, manifestantes e jornalistas relataram que grupos de estrangeiros haviam se reunido perto dos principais pontos de encontro. Isso foi negado pelo Ministério das Relações Exteriores da Rússia, embora tenha confirmado que as empreiteiras estavam no Sudão para treinar o exército sudanês. O SBU indicou 149 PMCs que, segundo ele, participaram da repressão aos protestos, além de dois que teriam sido mortos nos confrontos. Entre 30 e 40 pessoas foram mortas durante os protestos, incluindo duas equipes de segurança. Mais de 800 manifestantes foram detidos. Enquanto isso, a França acusou as PMCs de terem uma "presença forte e ativa" nas mídias sociais e de promoverem uma forte "retórica antifrancesa" na RCA.

Após a derrubada de Omar al-Bashir em um golpe de estado em 11 de abril de 2019, a Rússia continuou a apoiar o Conselho Militar de Transição (TMC) que foi estabelecido para governar o Sudão, já que o TMC concordou em manter os contratos da Rússia nos setores de defesa, mineração e energia do Sudão. Isso incluiu o treinamento de oficiais militares sudaneses pelas PMCs. As operações do Grupo Wagner tornaram-se mais evasivas após a derrubada de al-Bashir. Eles continuaram a trabalhar principalmente com as Forças de Apoio Rápido (RSF) do Sudão. Dizia-se que Wagner estava ligado ao vice-presidente do TMC e comandante da RSF, general Mohamed Hamdan Dagalo.

Em maio de 2019, a Rússia assinou um acordo militar com o Sudão que, entre outras coisas, facilitaria a entrada de navios de guerra russos nos portos sudaneses. Uma nova minuta de acordo foi assinada em novembro de 2020, que levaria ao estabelecimento de um centro logístico naval russo e um estaleiro de reparos na costa sudanesa do Mar Vermelho, que receberia até 300 pessoas. Espera-se que o acordo seja válido por 25 anos, a menos que uma das partes se oponha à sua renovação.

Em abril de 2020, foi relatado que a empresa "Meroe Gold", ligada a Wagner, estava planejando enviar equipamentos de proteção individual, medicamentos e outros equipamentos para o Sudão em meio à pandemia do coronavírus. Três meses depois, os Estados Unidos sancionaram a empresa "M Invest", bem como sua subsidiária sudanesa "Meroe Gold" e dois indivíduos importantes para as operações de Wagner no Sudão, pela supressão e descrédito dos manifestantes.

Após o golpe de Estado sudanês de outubro-novembro de 2021, o apoio russo à administração militar estabelecida no Sudão tornou-se mais aberto e os laços russo-sudaneses, juntamente com as atividades de Wagner, continuaram a se expandir mesmo após a invasão russa da Ucrânia em 2022, levando à condenação pelos Estados Unidos, Reino Unido e Noruega. O Grupo Wagner obteve concessões lucrativas de mineração. A 16 quilômetros (10 milhas) da cidade de Abidiya, na área rica em ouro do nordeste do Sudão, foi instalada uma mina de ouro operada pela Rússia, que se acreditava ser um posto avançado do Grupo Wagner. Mais ao leste, Wagner apoiou as tentativas da Rússia de construir uma base naval no Mar Vermelho. Ele usou a região de Darfur, no oeste do Sudão, como ponto de parada para suas operações em outros países vizinhos, a República Centro-

Africana, a Líbia e partes do Chade. Geólogos da empresa "Meroe Gold", ligada a Wagner, também visitaram Darfur para avaliar seu potencial de urânio.

Em meados de abril de 2023, eclodiram confrontos no Sudão entre as Forças Armadas Sudanesas (SAF), em grande parte leais ao general Abdel Fattah al-Burhan, e as RSF, seguindo o general Dagalo. Posteriormente, algumas fontes diplomáticas sudanesas e regionais afirmaram que o Grupo Wagner havia fornecido mísseis terra-ar para as RSF contra as SAF. Prigozhin negou o apoio às RSF, dizendo que a empresa não está presente no Sudão há mais de dois anos. O chefe do exército sudanês, Abdel Fattah al-Burhan, declarou que "até o momento, não houve confirmação sobre o apoio do Grupo Wagner às RSF".

República Centro-Africana

Em 2018, a empresa militar privada russa (PMC) Wagner enviou seu pessoal para a RCA, aparentemente para proteger minas lucrativas, apoiar o governo da RCA e fornecer proteção próxima ao presidente, Faustin-Archange Touadéra. As PMCs também deveriam preencher o vácuo de segurança deixado pela retirada da França. No entanto, sua implantação ocorreu apesar do embargo de armas ativo em vigor desde 2013.

Em maio de 2018, foi relatado que o número de PMCs da Wagner na RCA era de 1.400, enquanto outra PMC russa chamada Patriot estava encarregada de proteger VIPs. A presença da Wagner no país tem sido controversa, com alguns acusando-a de abusos de direitos humanos e de exacerbar o conflito. O governo russo negou qualquer envolvimento, dizendo que as PMCs estão trabalhando por conta própria.

Em dezembro de 2018, o Serviço de Segurança da Ucrânia informou que a estrutura guarda-chuva de Wagner na RCA é uma empresa comercial afiliada a Yevgeny Prigozhin - Serviço de Segurança M-Finance LLC de São Petersburgo, cujas principais áreas de atividade são mineração de pedras preciosas e serviços de segurança privada. De acordo com a SBU, algumas das PMCs foram transportadas para a África diretamente na aeronave particular de Prigozhin. Prigozhin é um aliado próximo do presidente russo Vladimir Putin e foi sancionado pelo governo dos EUA por seu suposto envolvimento em interferência eleitoral e outras atividades malignas.

Em 2021, a situação na RCA havia se deteriorado ainda mais, com os rebeldes atacando e capturando a quarta maior cidade do país. Em resposta, a Rússia enviou mais 300 instrutores militares ao país para treinar as forças do governo e fornecer apoio. A presença da Wagner e de outras PMCs russas na RCA levantou preocupações sobre a crescente influência da Rússia na África e sua disposição de desrespeitar o direito internacional.

Em setembro de 2022, o Daily Beast entrevistou sobreviventes e testemunhas de mais um massacre cometido pelo Grupo Wagner no vilarejo de Bèzèrè em dezembro de 2021, que envolveu tortura, assassinato e estripação de várias mulheres, inclusive grávidas.

Em meados de janeiro de 2023, o Grupo Wagner sofreu baixas relativamente pesadas quando uma nova ofensiva militar do governo foi lançada perto da fronteira da RCA com Camarões e Chade. Também houve combates perto da fronteira com o Sudão. Os rebeldes afirmaram que entre sete e 17 PMCs Wagner estavam entre as dezenas de vítimas. Uma fonte militar da RCA também confirmou que sete contratados da Wagner foram mortos em uma emboscada.

De acordo com uma investigação conjunta e um relatório de 2022 da European Investigative Collaborations (EIC), da organização francesa *All Eyes on Wagner* e do *Dossier Center,* sediado no Reino Unido, o Wagner Group controla a empresa de comércio de diamantes Diamville na República Centro-Africana desde 2019.

Madagascar

O grupo de mídia independente the *Project* informou que as Wagner PMCs chegaram a Madagascar em abril de 2018, para guardar consultores políticos que foram contratados por Yevgeny Prigozhin para acompanhar a campanha presidencial do então presidente Hery Rajaonarimampianina para as próximas eleições. Rajaonarimampianina perdeu a tentativa de reeleição, terminando em terceiro lugar no primeiro turno de votação, embora os consultores de Prigozhin também tenham trabalhado com vários dos outros candidatos nos meses anteriores às eleições. Perto do final da campanha, os estrategistas também ajudaram o eventual vencedor das eleições, Andry Rajoelina, que também foi apoiado pelos Estados Unidos e pela China. Um dos últimos atos do governo de Rajaonarimampianina teria sido facilitar a aquisição da produtora nacional de cromita de Madagascar "Kraoma" por uma empresa russa, e as PMCs de Wagner estariam protegendo as minas de cromo em outubro de 2018.

Entre os consultores dos diferentes candidatos presidenciais estava também Konstantin Pikalov, que foi inicialmente designado como chefe de segurança da campanha do candidato Pastor Mailhol, da Igreja do Apocalipse de Madagascar. Entretanto, quando ficou claro que Andry Rajoelina era o favorito para vencer a eleição, Pikalov foi transferido para ser o guarda-costas de Rajoelina.

Líbia

A presença do grupo na Líbia foi relatada pela primeira vez em outubro de 2018, quando o The Sun afirmou que bases militares russas haviam sido instaladas em Benghazi e Tobruk em apoio ao marechal de campo

Khalifa Haftar, que lidera o Exército Nacional Líbio (LNA).
Dizia-se que o grupo estava fornecendo treinamento e
apoio às forças de Haftar, e mísseis russos e sistemas
SAM também teriam sido instalados na Líbia.

O governo russo negou a reportagem, mas a RBK TV
confirmou o destacamento militar russo na Líbia. No início
de março de 2019, cerca de 300 PMCs da Wagner
estavam em Benghazi apoiando Haftar, de acordo com
uma fonte do governo britânico. O LNA fez grandes
avanços no sul do país, capturando várias cidades em
uma rápida sucessão, incluindo a cidade de Sabha e o
maior campo de petróleo da Líbia. Após a campanha no
sul, o LNA lançou uma ofensiva contra a capital de Trípoli,
controlada pelo Governo de Acordo Nacional (GNA), mas
a ofensiva foi interrompida em duas semanas nos
arredores da cidade devido à forte resistência.

Relatórios sugerem que mercenários russos do Wagner
Group estavam lutando ao lado das forças de Haftar,
fornecendo apoio de artilharia, usando franco-atiradores e
colocando minas e dispositivos explosivos improvisados.
Também foi dito que eles estavam equipados com
projéteis de obus guiados a laser e usavam munição de

ponta oca, em violação às regras de guerra. Um quartel-general de Wagner foi montado em um hospital na cidade de Esbia, onde os PMCs teriam detido e atirado na família de um homem que havia se deparado com os empreiteiros por engano. O GNA declarou que dois russos que foram presos por suas forças no início de julho eram empregados do Grupo Wagner e estavam envolvidos em "garantir uma reunião" com Saif al-Islam Gaddafi.

Em meados de novembro, o número de PMCs da Wagner na Líbia havia aumentado para 1.400, de acordo com várias autoridades ocidentais. O Congresso dos EUA estava preparando sanções bipartidárias contra as PMCs na Líbia, e um drone militar dos EUA foi abatido sobre Trípoli, com os EUA alegando que foi abatido por defesas aéreas russas operadas por PMCs russas ou pelo LNA. Estima-se que 25 militares de Wagner tenham sido mortos em um ataque de drone em setembro de 2020, embora o governo russo tenha negado qualquer envolvimento. O GNA acabou recapturando Trípoli em junho de 2020, o que levou a um acordo de cessar-fogo em outubro de 2020.

Em 31 de maio de 2022, a Human Rights Watch declarou
que informações de agências líbias e grupos de
desminagem ligavam o Grupo Wagner ao uso de minas
terrestres e armadilhas proibidas na Líbia. Essas minas
mataram pelo menos três desminadores líbios antes que a
localização das minas fosse identificada.

Venezuela

No final de janeiro de 2019, *a Reuters* informou que
Wagner PMCs chegou à Venezuela durante a crise
presidencial que estava ocorrendo. Elas foram enviadas
para fornecer segurança ao presidente Nicolás Maduro,
que estava enfrentando protestos da oposição como parte
da crise socioeconômica e política que assolava a
Venezuela desde 2010. O líder de uma seção local de um
grupo paramilitar de cossacos com vínculos com as PMCs
informou que cerca de 400 empreiteiros poderiam estar na
Venezuela naquele momento. Foi dito que as PMCs
voaram em duas aeronaves fretadas para Havana, Cuba,
de onde foram transferidas para voos comerciais regulares
para a Venezuela.

Uma fonte russa anônima próxima ao Grupo Wagner afirmou que outro grupo de PMCs já havia chegado antes da eleição presidencial de maio de 2018. Antes do início dos protestos de 2019, as PMCs estavam na Venezuela principalmente para fornecer segurança aos interesses comerciais russos, como a empresa russa de energia Rosneft. Elas auxiliaram no treinamento da Milícia Nacional Venezuelana e dos paramilitares pró-Maduro Colectivos em 2018. O embaixador russo na Venezuela, Vladimir Zayemsky, negou o relato da existência de Wagner na Venezuela.

Moçambique

No início de agosto de 2019, o Wagner Group recebeu um contrato com o governo de Moçambique em detrimento de duas outras empresas militares privadas, a OAM e a Black Hawk, oferecendo seus serviços por custos mais baixos. No final do mesmo mês, o governo de Moçambique aprovou uma resolução que ratifica o acordo de abril de 2018 sobre a entrada de navios militares russos nos portos nacionais. Em 13 de setembro, 160 PMCs do Grupo Wagner chegaram ao país em um avião de carga russo An-124 para prestar assistência técnica e tática às

Forças Armadas de Defesa de Moçambique (FADM) e ficaram estacionados em três quartéis militares nas províncias de Nampula, Macomia e Mueda, no norte do país.

Em 25 de setembro, um segundo avião de carga russo aterrissou na província de Nampula e descarregou armas de grosso calibre e munições pertencentes ao Grupo Wagner, que foram então transportadas para a província de Cabo Delgado, onde, desde 5 de outubro de 2017, estava ocorrendo uma insurgência islâmica. Pelo menos um dos dois aviões de carga pertencia à 224ª Unidade de Voo da Força Aérea Russa. No total, 200 PMCs, incluindo tropas de elite, três helicópteros de ataque e a tripulação chegaram a Moçambique para fornecer treinamento e apoio de combate em Cabo Delgado, onde os militantes islâmicos haviam queimado aldeias, realizado decapitações e deslocado centenas de pessoas.

A partir de 5 de outubro, as forças armadas de Moçambique realizaram várias operações bem-sucedidas, em colaboração com as PMCs, contra os insurgentes ao longo da fronteira com a Tanzânia. No início das operações, um comandante de unidade de PMC com o

58

indicativo de chamada "Granit" foi morto e dois outros PMCs ficaram feridos quando sua unidade foi emboscada por uma força de 60 insurgentes. Durante essas operações, os militares e as PMCs bombardearam as bases dos insurgentes em duas áreas, empurrando-os para a mata. Naquele momento, os insurgentes lançaram ataques a duas bases, durante os quais mais de 35 insurgentes e três PMCs foram mortos. Enquanto isso, em 8 de outubro, um navio russo entrou no porto de Nacala carregando pouco mais de 17 contêineres de diferentes tipos de armas, especialmente explosivos, que foram transportados para o campo de batalha. A Rússia, por sua vez, negou que tivesse tropas em Moçambique.

Após a chegada das PMCs, o ISIL reforçou as forças jihadistas em Moçambique, levando a um aumento no número de ataques de militantes. Em 10 e 27 de outubro, ocorreram duas emboscadas durante as quais sete PMCs foram mortos. Durante a emboscada no final de outubro, além de cinco PMCs, 20 soldados moçambicanos também morreram quando militantes islâmicos montaram uma barricada na estrada quando um comboio militar das FADM chegou. Quatro dos cinco PMCs foram mortos a tiros e depois decapitados. Três veículos foram queimados

59

no ataque. Algumas das mortes ocorridas durante os combates em Moçambique foram supostamente resultado de um incidente de "fogo amigo".

Em meados de novembro, duas fontes militares moçambicanas descreveram as crescentes tensões entre a Wagner e as FADM depois de várias operações militares fracassadas, sendo que uma delas disse que as patrulhas conjuntas haviam quase parado. Analistas, mercenários e especialistas em segurança, incluindo os chefes da OAM e da Black Hawk, que operam na África Subsaariana, eram da opinião de que a Wagner estava enfrentando dificuldades em Moçambique, pois estava operando em um teatro onde não tinha muita experiência. De acordo com John Gartner, chefe da OAM e ex-soldado da Rodésia, o Grupo Wagner estava "fora de seu alcance" em Moçambique. Ao mesmo tempo, Dolf Dorfling, fundador da Black Hawk e ex-coronel sul-africano, disse que fontes lhe informaram que o Grupo Wagner havia começado a buscar conhecimento militar local.

No final daquele mês, foi relatado que 200 PMCs haviam se retirado de Moçambique, após as mortes de seus combatentes. Ainda assim, no final de novembro, os combatentes e equipamentos russos ainda estavam presentes na cidade portuária de Pemba e também estavam baseados na cidade costeira de Mocímboa da Praia. Os PMCs também se retiraram para Nacala para se reorganizarem.

No início de 2020, o número de ataques em Cabo Delgado aumentou, com 28 ocorridos em janeiro e início de fevereiro. A violência se espalhou por nove dos 16 distritos da província. Os ataques incluíram decapitações, sequestros em massa e aldeias totalmente queimadas. A maioria dos ataques foi realizada por militantes, mas alguns também foram feitos por bandidos. Em 23 de março, os militantes capturaram a importante cidade de Mocimboa de Praia, em Cabo Delgado. Duas semanas depois, os insurgentes lançaram ataques contra meia dúzia de vilarejos na província.

Em 8 de abril, os militares lançaram ataques de helicóptero contra bases de militantes em dois distritos. O jornalista Joseph Hanlon publicou uma fotografia mostrando um dos helicópteros que participaram do ataque e disse que ele era tripulado por PMCs da Wagner. No entanto, duas outras fontes citadas pelo Daily Maverick afirmaram que os contratados pertenciam à empresa militar privada sul-africana Dyck Advisory Group (DAG) e que o Wagner Group havia se retirado de Moçambique em março.

Mali

Em meados de setembro de 2021, de acordo com fontes diplomáticas e de segurança, um acordo estava próximo de ser finalizado para permitir que o Grupo Wagner operasse no Mali. De acordo com fontes conflitantes, pelo menos 1.000 PMCs ou menos seriam enviados para o Mali, que vem testemunhando uma guerra civil desde 2012, e o Grupo Wagner receberia cerca de 6 bilhões de francos CFA por mês para treinar os militares do Mali e fornecer proteção para funcionários do governo. A França, que anteriormente governava o Mali como uma colônia, estava fazendo um esforço diplomático para impedir que o acordo fosse promulgado. Desde o final de maio de 2021, o Mali tem sido governado por uma junta militar que chegou ao poder após um golpe de Estado. Em resposta, o primeiro-ministro do Mali, Choguel Kokalla Maïga, em seu discurso na Assembleia Geral da ONU, declarou: "A nova situação resultante do fim da Operação Barkhane coloca o Mali diante de um fato consumado - abandonando-nos, até certo ponto, em pleno voo - e nos leva a explorar caminhos e meios para melhor garantir nossa segurança de forma autônoma ou com outros parceiros".

O Reino Unido, a União Europeia e a Costa do Marfim também alertaram o Mali para não entrar em um acordo com o Grupo Wagner. Ainda assim, em 30 de setembro, o Mali recebeu uma remessa de quatro helicópteros Mil Mi-17, além de armas e munições, como parte de um contrato acordado em dezembro de 2020. A remessa foi recebida pelo Ministro da Defesa do Mali, que elogiou a Rússia como "um país amigo com o qual o Mali sempre manteve uma parceria muito frutífera".

No final de dezembro, a França publicou uma declaração conjunta, também assinada pelo Reino Unido, Alemanha, Canadá e outros 11 governos europeus, afirmando que testemunharam o envio do Grupo Wagner para Mali, com o apoio da Rússia, e que condenaram a ação. Mali negou o envio, pedindo provas de fontes independentes, mas reconheceu que "instrutores russos" estavam no país como parte do fortalecimento das forças militares e de segurança e que estava "envolvido apenas em uma parceria de Estado para Estado com a Federação Russa, seu parceiro histórico". Fontes do governo francês afirmaram que a alegação do destacamento de Wagner foi baseada em fatores que incluíam o desenvolvimento de uma nova base militar próxima ao aeroporto de Bamako, bem como "padrões de voo suspeitos".

No mês seguinte, oficiais do exército do Mali confirmaram que cerca de 400 conselheiros militares russos haviam chegado ao país e estavam presentes em várias partes do Mali. Várias autoridades, inclusive uma ocidental, afirmaram que "mercenários" russos foram enviados para o Mali, mas uma fonte militar do Mali negou. Ainda assim, um oficial da região central do Mali afirmou que havia tanto assessores russos quanto PMCs presentes e que nem todos os contratados eram cidadãos russos. De acordo com um oficial militar francês, entre 300 e 400 PMCs estavam presentes na parte central do país, juntamente com treinadores russos que estavam fornecendo equipamentos. Surgiram fotos das PMCs na cidade de Ségou no final de dezembro de 2021, onde 200 contratados da Wagner teriam sido destacados. Foi relatado que, no início de janeiro de 2022, confrontos ao sul de Mopti entre os contratados e os jihadistas deixaram um PMC morto.

Em meados de janeiro de 2022, os PMCs Wagner foram posicionados em uma antiga base militar francesa em Timbuktu, no norte do Mali. Posteriormente, o Exército dos EUA também confirmou a presença do Grupo Wagner no Mali. No início de abril de 2022, cerca de 200 soldados e 9 policiais malineses estavam recebendo treinamento na Rússia.

Em 5 de abril de 2022, a Human Rights Watch publicou um relatório acusando soldados malineses e PMCs russos de executarem cerca de 300 civis entre 27 e 31 de março, durante uma operação militar em Moura, na região de Mopti, conhecida como um ponto de acesso de militantes islâmicos. De acordo com os militares do Mali, mais de 200 militantes foram mortos na operação, que supostamente envolveu mais de 100 russos. No início da operação, em 27 de março, helicópteros militares malineses aterrissaram perto do mercado da cidade, após o que os soldados foram posicionados e abordaram um grupo de cerca de 30 jihadistas, que dispararam contra

65

eles, matando pelo menos dois "soldados brancos", de acordo com a Human Rights Watch.

Em 19 de abril de 2022, a primeira morte oficialmente confirmada de um conselheiro militar russo, supostamente um membro da Wagner, ocorreu quando uma patrulha militar atingiu uma bomba na beira da estrada perto da cidade de Hombori.

Em 22 de abril de 2022, três dias depois que os militares franceses entregaram a base militar de Gossi às forças do Mali, a França alegou que PMCs suspeitos do Grupo Wagner enterraram uma dúzia de corpos em uma vala comum a alguns quilômetros a leste da base logo após a retirada, com a intenção de culpar a França. Os militares franceses publicaram imagens de vídeo que parecem mostrar 10 soldados brancos cobrindo corpos com areia, dois dias depois que um "sensor observou uma dúzia de indivíduos caucasianos, provavelmente pertencentes ao Grupo Wagner" e soldados malineses chegando ao local do enterro para descarregar equipamentos, de acordo com um relatório militar francês.

Em 25 de abril de 2022, a organização jihadista JNIM, ligada à Al-Qaeda, afirmou ter capturado vários membros do Grupo Wagner no início do mês na região central de Ségou.

No final de junho de 2022, surgiram acusações contra o Grupo Wagner de que as PMCs estavam saqueando cidades e prendendo indiscriminadamente pessoas na região norte de Tombouctou com os militares do Mali, forçando os civis a fugir para a Mauritânia. Também houve relatos de assassinatos.

Possíveis atividades do Grupo Wagner

Belarus

Em julho de 2020, antes da eleição presidencial do país, as agências de aplicação da lei da Bielorrússia prenderam 33 empreiteiros Wagner. As prisões ocorreram depois que as agências de segurança receberam informações sobre mais de 200 PMCs chegando ao país "para desestabilizar a situação durante a campanha eleitoral", de acordo com a agência estatal Belarusian Telegraph Agency (BelTA). O Conselho de Segurança de Belarus acusou os detidos de estarem preparando "um ataque terrorista". A Radio Liberty, financiada pelos EUA, informou que os empreiteiros possivelmente estavam a caminho do Sudão, citando imagens de vídeo que mostravam a moeda sudanesa e um cartão telefônico representando a Mesquita Khatmiya de Kassala entre os pertences dos que foram presos. Outros também acreditavam que os empreiteiros estavam simplesmente usando a Bielorrússia como um ponto de parada a caminho de sua última missão, possivelmente na África, com a BBC News apontando as imagens da moeda sudanesa e de um cartão telefônico sudanês.

A Rússia confirmou que os homens eram empregados de uma empresa de segurança privada, mas afirmou que eles haviam permanecido em Belarus após perderem o voo de conexão para a Turquia e pediu sua rápida libertação. O chefe do grupo de investigação bielorrusso afirmou que os contratados não tinham planos de voar mais para a Turquia e que estavam dando "relatos contraditórios". Os PMCs declararam que estavam a caminho da Venezuela, Turquia, Cuba e Síria. As autoridades bielorrussas também disseram acreditar que o marido da candidata presidencial da oposição, Sviatlana Tsikhanouskaya, poderia ter ligações com os homens detidos e abriram um processo criminal contra ele. Os empreiteiros detidos foram devolvidos à Rússia duas semanas depois.

Durante a detenção dos empreiteiros, a mídia russa informou que o Serviço de Segurança da Ucrânia havia atraído os PMCs para Belarus sob o pretexto de um contrato para a proteção das instalações da Rosneft na Venezuela. O plano da operação era forçar uma aterrissagem de emergência do avião da empreiteira em Minsk enquanto ele voava pelo espaço aéreo ucraniano e, uma vez aterrado, os PMCs seriam presos. Mais tarde, o presidente russo Putin também declarou que os homens

69

detidos foram vítimas de uma operação conjunta de inteligência entre a Ucrânia e os Estados Unidos. Embora o chefe de gabinete do presidente ucraniano, Andriy Yermak, tenha negado envolvimento nas detenções, posteriormente, vários jornalistas, membros do parlamento e políticos ucranianos confirmaram a operação.

A operação foi supostamente planejada por um ano, pois a Ucrânia identificou PMCs que lutaram no leste da Ucrânia e estavam envolvidos no abate do voo 17 da Malaysia Airlines em julho de 2014. A operação fracassou depois de ser adiada pelo Gabinete do Presidente da Ucrânia, que teria sido informado sobre ela apenas em seu estágio final. O repórter ucraniano Yuri Butusov acusou Andriy Yermak de "traição" depois que ele teria divulgado deliberadamente informações sobre a operação para a Rússia. Butusov informou ainda que a agência de inteligência turca MİT também estava envolvida na operação. O fracasso da operação levou a demissões e processos criminais entre o pessoal do Serviço de Segurança da Ucrânia, de acordo com um representante da inteligência ucraniana que usa o pseudônimo "Bogdan". O ex-presidente ucraniano Petro Poroshenko também afirmou em dezembro de 2020 que sancionou a operação no final de 2018.

Burkina Faso

Após mais de seis anos de uma insurgência jihadista em Burkina Faso, um golpe de Estado ocorreu em 23 de janeiro de 2022, com os militares depondo o presidente Roch Marc Christian Kaboré e declarando que o parlamento, o governo e a constituição haviam sido dissolvidos. O golpe de Estado foi liderado pelo tenente-coronel Paul-Henri Sandaogo Damiba e ocorreu em resposta ao fracasso do governo em reprimir a insurgência islâmica, que deixou 2.000 pessoas mortas e entre 1,4 e 1,5 milhão de desabrigados. A raiva também foi direcionada à França, que estava fornecendo apoio militar ao governo.

Um dia após o golpe, Alexander Ivanov, o representante oficial dos treinadores militares russos na RCA, ofereceu treinamento aos militares burquinenses. Posteriormente, foi revelado que, pouco antes da tomada do poder pelos militares, o tenente-coronel Damiba tentou persuadir o presidente Kaboré a envolver o Grupo Wagner contra os

insurgentes islâmicos. Além disso, menos de duas
semanas antes da tomada de poder, o governo anunciou
que havia frustrado um plano de golpe, após o qual se
especulou que o Grupo Wagner poderia tentar se
estabelecer em Burkina Faso. O golpe encontrou apoio
significativo no país e foi seguido por protestos contra a
França e em apoio à aquisição, com os manifestantes
pedindo a intervenção da Rússia. O Departamento de
Defesa dos Estados Unidos declarou estar ciente das
alegações de que o Grupo Wagner poderia ter sido "uma
força por trás da tomada de poder militar em Burkina
Faso", mas não pôde confirmar se eram verdadeiras.

Em 30 de setembro de 2022, ocorreu um novo golpe de
Estado que viu o coronel Damiba ser deposto pelo capitão
Ibrahim Traoré devido à incapacidade de Damiba de
conter a insurgência jihadista. De acordo com Traoré, ele
e outros oficiais tentaram fazer com que Damiba "voltasse
a se concentrar" na rebelião, mas acabaram optando por
derrubá-lo, pois "suas ambições estavam se desviando do
que nos propusemos a fazer". Alguns suspeitavam que
Traoré tivesse uma ligação com Wagner. Quando Traoré
entrou em Ouagadougou, a capital do país, os apoiadores
aplaudiram, alguns agitando bandeiras russas. A

diplomata sênior dos Estados Unidos, Victoria Nuland, viajou para Burkina Faso após a tomada do poder por Traoré para "exortá-lo com veemência" a não fazer parceria com Wagner.

Ainda assim, o governo de Gana alegou publicamente que Traoré começou a colaborar com o Grupo Wagner após o golpe, alistando os mercenários contra os rebeldes jihadistas. De acordo com o presidente de Gana, a junta no poder alocou uma mina para o Grupo Wagner como forma de pagamento por seu destacamento, o que foi negado pelo ministro de minas de Burkina Faso. No final de janeiro de 2023, a junta governativa exigiu que a França retirasse suas tropas de Burkina Faso, que contavam com 200 a 400 membros das forças especiais, depois de lutar contra os jihadistas durante anos. A França concordou.

Chade

O governo dos EUA compartilhou informações com o governo do Chade de que Wagner está trabalhando com rebeldes no país para desestabilizar o governo e possivelmente está planejando assassinar o presidente do país, bem como outras autoridades governamentais importantes. Wagner também estaria tentando estabelecer laços com elementos da classe dominante chadiana. Uma tentativa de derrubar um governo representou um divisor de águas para a estratégia de construção de influência de Wagner, disse uma autoridade dos EUA ao *The New York Times*. A abordagem dos EUA de compartilhamento de inteligência para combater as ameaças russas a estados soberanos e os subsequentes vazamentos das descobertas de inteligência refletem uma estratégia pioneira em meio à invasão russa da Ucrânia em 2022.

Moldávia

Em meio a relatos de que a Rússia estava planejando a derrubada do governo da Moldávia e uma subsequente manifestação contra o governo, a Polícia de Fronteira da Moldávia informou que havia detido e deportado um suposto membro do Grupo Wagner no Aeroporto de Chisinau.

Nagorno-Karabakh

Vários dias depois que a mídia russa informou que as PMCs russas estavam prontas para lutar contra o

Azerbaijão em Nagorno-Karabakh, uma fonte dentro do Grupo Wagner, bem como o analista militar russo Pavel Felgenhauer, informaram que os contratados da Wagner foram enviados para apoiar as forças armadas da República parcialmente reconhecida de Artsakh contra o Azerbaijão durante a guerra de Nagorno-Karabakh de 2020 como operadores de ATGM. No entanto, o Bellingcat informou que o Grupo Wagner não estava presente em Nagorno-Karabakh, apontando para o canal público Reverse Side of the Medal (RSOTM), usado por PMCs russos, incluindo Wagner. O RSOTM postou duas imagens e uma música aludindo à possibilidade de as PMCs de Wagner chegarem a Nagorno-Karabakh, mas a Bellingcat determinou que as imagens não estavam relacionadas.

Após o fim da guerra, o capitão militar aposentado Viktor Zlobov declarou que as PMCs da Wagner desempenharam um papel significativo na preservação do território que permaneceu sob controle armênio durante o conflito e foram as principais responsáveis pelo fato de os armênios terem conseguido manter o controle da cidade de Shusha por tanto tempo antes de ela ser capturada pelo Azerbaijão durante a grande batalha que ocorreu. A

Turquia informou que 380 "loiras de olhos azuis"
participaram do conflito ao lado de Artsakh, enquanto
algumas publicações russas estimam em 500 o número de
PMCs da Wagner que chegaram à região no início de
novembro. 300 deles teriam participado da Batalha de
Shusha e uma foto de um PMC Wagner, aparentemente
tirada em frente a uma igreja em Shusha durante a guerra,
apareceu na Internet no mês seguinte.

A agência de notícias russa OSN informou que a chegada
dos PMCs também foi um dos fatores que levaram o
Azerbaijão a interromper sua ofensiva contra Nagorno-
Karabakh.

Sérvia

Um vídeo de notícias russo que alega mostrar
"voluntários" sérvios sendo treinados pelo Wagner Group
para lutar ao lado das tropas russas na Ucrânia provocou
indignação na Sérvia. O presidente da Sérvia, Aleksandar
Vučić, reagiu com raiva na TV nacional, perguntando por
que o Grupo Wagner convocaria alguém da Sérvia quando
isso é contra os regulamentos do país. É ilegal que os
sérvios participem de conflitos no exterior.

Outros

De acordo com informações de descobertas de inteligência dos EUA que vazaram, a Wagner procurou expandir suas operações para o Haiti, entrando em contato com o governo haitiano em dificuldades com uma proposta para combater as gangues em nome do governo.

Em junho de 2023, um e-mail do Wagner Group sugeriu que o grupo tinha planos envolvendo as Ilhas Chatham a oeste da Nova Zelândia continental, após uma entrevista na televisão com Prigozhin, quando um mapa na parede atrás dele tinha um alfinete colorido na posição das ilhas.

Baixas

As famílias de PMCs mortos estão proibidas de falar com a mídia sob um termo de confidencialidade que é um pré-requisito para que recebam indenização da empresa. A indenização padrão para a família de um funcionário da Wagner morto é de até 5 milhões de rublos (cerca de 80.000 dólares), de acordo com um funcionário da Wagner. Em contrapartida, a namorada de um combatente morto afirmou que as famílias recebem entre US$ 22.500 e US$ 52.000, dependendo do posto e da missão do PMC morto. Em meados de 2018, veteranos militares russos pediram ao governo russo que reconhecesse o envio de contratados militares privados para lutar na Síria, em uma tentativa de garantir benefícios financeiros e médicos para os PMCs e suas famílias.

O Centro Médico Internacional Sogaz em São Petersburgo, uma clínica de propriedade da grande empresa de seguros AO Sogaz, tem tratado PMCs que foram feridos em combate no exterior desde 2016. Os altos funcionários e proprietários da empresa são parentes do presidente russo Putin ou outros ligados a ele. O diretor geral da clínica, Vladislav Baranov, também tem um

relacionamento comercial com Maria Vorontsova, a filha
mais velha de Putin.

Prêmios e honrarias

Os PMCs de Wagner receberam prêmios estatais na forma de condecorações militares e certificados assinados pelo presidente russo Putin. Os comandantes da Wagner, Andrey Bogatov e Andrei Troshev, receberam o prêmio de Herói da Federação Russa por ajudarem na primeira captura de Palmyra em março de 2016. Bogatov ficou gravemente ferido durante a batalha. Enquanto isso, Alexander Kuznetsov e Dmitry Utkin teriam recebido a Ordem da Coragem quatro vezes. Os familiares dos PMCs mortos também receberam medalhas da própria Wagner, sendo que a mãe de um combatente morto recebeu duas medalhas, uma por "heroísmo e valentia" e a outra por "sangue e bravura". Uma medalha por conduzir operações na Síria também foi entregue pela Wagner a seus PMCs.

Em meados de dezembro de 2017, um torneio de powerlifting foi realizado em Ulan-Ude, capital da República Russa da Buriácia, dedicado à memória de Vyacheslav Leonov, um PMC Wagner que foi morto durante a campanha na província síria de Deir ez-Zor. No mesmo mês, o presidente da Rússia assinou um decreto estabelecendo o Dia Internacional do Voluntário na

Rússia, de acordo com a resolução da ONU de 1985, que será comemorado anualmente em 5 de dezembro. O site de notícias russo *Poliksal* associou a comemoração russa do Dia do Voluntário à homenagem às PMCs de Wagner.

No final de janeiro de 2018, surgiu uma imagem de um monumento na Síria, dedicado aos "voluntários russos". A inscrição no monumento em árabe dizia: "Aos voluntários russos, que morreram heroicamente na liberação dos campos de petróleo sírios do ISIL". O monumento estava localizado na usina de Haiyan, a cerca de 50 quilômetros de Palmyra, onde as PMCs de Wagner foram posicionadas. Um monumento idêntico também foi erguido em Luhansk em fevereiro de 2018. No final de agosto de 2018, uma capela foi construída perto de Goryachy Klyuch, Krasnodar Krai, na Rússia, em memória dos PMCs da Wagner mortos na luta contra o ISIL na Síria. Para cada um dos mortos, uma vela é acesa na capela. No final de novembro de 2018, foi revelado que um terceiro monumento, também idêntico aos dois na Síria e em Luhansk, foi erguido em frente à capela, que fica a algumas dezenas de quilômetros da instalação de treinamento da PMC em Molkin.

A liderança do Grupo Wagner e seus instrutores militares foram supostamente convidados a participar do desfile militar em 9 de maio de 2018, dedicado ao Dia da Vitória.

Em 14 de maio de 2021, um filme russo inspirado nos instrutores militares russos na República Centro-Africana estreou no estádio nacional em Bangui. Intitulado *The Tourist*, o filme retrata um grupo de conselheiros militares russos enviados à República Centro-Africana na véspera das eleições presidenciais e, após uma violenta rebelião, eles defendem os moradores locais contra os rebeldes. O filme teria sido financiado por Yevgeny Prigozhin para melhorar a reputação do Grupo Wagner e incluía alguns PMCs da Wagner como figurantes. Seis meses depois, um monumento aos militares russos foi erguido em Bangui. No final de janeiro de 2022, um segundo filme sobre as PMCs russas teve sua estreia. O filme, intitulado *Granit*, mostrou a história real da missão das empreiteiras na região de Cabo Delgado, em Moçambique, em 2019, contra militantes islâmicos.

Morte de Maksim Borodin

Em 12 de abril de 2018, o jornalista investigativo russo Maksim Borodin foi encontrado gravemente ferido ao pé de seu prédio, depois de cair da sacada do quinto andar em Yekaterinburg. Ele foi hospitalizado em coma e morreu de seus ferimentos três dias depois, em 15 de abril. Nas semanas anteriores à sua morte, Borodin ganhou atenção nacional ao escrever sobre as mortes de Wagner PMCs na batalha contra as forças apoiadas pelos EUA no leste da Síria no início de fevereiro, que também envolveu ataques aéreos dos EUA. Ao longo de fevereiro e março, Borodin entrevistou parentes e comandantes de PMCs do Grupo Wagner e compareceu a seus funerais na cidade de Asbest.

As autoridades locais disseram que não foi encontrado nenhum bilhete de suicídio, mas que era improvável que sua morte fosse de natureza criminosa. Eles afirmaram que, no momento da queda, a porta do apartamento estava trancada por dentro, indicando que ninguém havia entrado ou saído. Embora a polícia continuasse a investigação, não estava tratando sua morte como suspeita. Entretanto, Polina Rumyantseva, editora-chefe do *Novy Den*, onde Borodin trabalhava, disse antes da morte dele que não podia descartar um crime e que não havia motivo para ele cometer suicídio. Harlem Désir, da OSCE, disse que a morte era "muito preocupante" e pediu uma investigação completa.

O amigo de Borodin afirmou que um dia antes de sua queda, Borodin entrou em contato com ele às cinco horas da manhã dizendo que havia "alguém armado em sua varanda e pessoas camufladas e com máscaras no patamar da escada". Ele estava tentando encontrar um advogado, mas mais tarde Borodin ligou novamente para o amigo e disse que havia se enganado e que achava que os homens estavam participando de algum tipo de exercício de treinamento. Após a morte de Borodin, Rumyantseva declarou que *Novy Den* estava em seu apartamento e que não havia sinais de luta, enquanto os investigadores achavam que Borodin havia ido à varanda para fumar e caído. Ainda assim, Rumyantseva declarou: "Se houver qualquer indício de algo criminoso, nós o tornaremos público". Borodin também tinha reputação local por conduzir investigações sobre prisões e

funcionários corruptos em sua região natal, Sverdlovsk
Oblast.

República Centro-Africana

Em 30 de julho de 2018, três jornalistas russos (Kirill
Radchenko, Alexander Rastorguyev e Orkhan Dzhemal)
pertencentes à organização de notícias on-line russa
Investigation Control Centre (TsUR), ligada a Mikhail
Khodorkovsky, foram emboscados e mortos por
agressores desconhecidos na República Centro-Africana,
três dias depois de chegarem ao país para investigar as
atividades locais de Wagner. A emboscada ocorreu a 23
quilômetros de Sibut, quando homens armados saíram do
mato e abriram fogo contra o veículo. O motorista dos
jornalistas sobreviveu ao ataque, mas depois foi mantido
incomunicável pelas autoridades. Em sua resposta aos
assassinatos, o Ministério das Relações Exteriores da
Rússia observou que os jornalistas mortos estavam
viajando sem credenciamento oficial.

A BBC News e a AFP disseram que as circunstâncias de
suas mortes não estavam claras. De acordo com a
agência de notícias Interfax, o roubo pode ter sido o

85

motivo. Um kit de câmera caro e mais de 8.000 dólares desapareceram do local, embora três botijões de gasolina, que é considerada uma mercadoria valiosa na RCA, tenham sido deixados no veículo. Um funcionário local e seu motorista afirmaram que os agressores estavam usando turbantes e falando árabe. A mídia estatal russa e da RCA informou inicialmente que as autoridades suspeitavam que os rebeldes Seleka estivessem por trás dos assassinatos. De acordo com os moradores locais, entrevistados pelos investigadores de Khodorkovsky, cerca de 10 pessoas haviam acampado nas proximidades antes da emboscada, esperando por várias horas. Pouco antes do ataque, eles viram outro carro com "três homens brancos armados (...) e dois centro-africanos" passar.

De acordo com uma reportagem inicial do *The New York Times*, não havia nenhuma indicação de que os assassinatos estivessem relacionados à investigação dos jornalistas sobre as atividades do Grupo Wagner na República Centro-Africana, mas um artigo posterior citou um pesquisador da Human Rights Watch que comentou que "muitas coisas não batem" em relação aos misteriosos assassinatos. Ele reafirmou que não havia nada que contradissesse a versão oficial de que os assassinatos

foram um ato aleatório de ladrões, mas observou
especulações dentro da Rússia que culpavam o Grupo
Wagner, além de acrescentar uma teoria de um meio de
comunicação africano pouco conhecido de que a França,
que anteriormente governava a República Centro-Africana
quando era uma colônia, estava por trás dos assassinatos
como um aviso a Moscou para que ficasse longe de sua
área de influência. O analista de defesa Pavel
Felgenhauer, baseado em Moscou, achava improvável
que eles tivessem sido mortos pelas PMCs de Wagner,
enquanto o Serviço de Segurança da Ucrânia afirmava ter
provas do envolvimento das PMCs.

Durante sua investigação, os jornalistas tentaram entrar no
acampamento dos PMCs, mas foram informados de que
precisavam de credenciamento do Ministério da Defesa do
país. O credenciamento só havia sido concedido
anteriormente a um jornalista da AFP, que ainda não tinha
permissão para tirar fotos ou entrevistar ninguém. Os
assassinatos ocorreram um dia depois que os jornalistas
visitaram o acampamento do Grupo Wagner em Berengo.
De acordo com Christo Grozev, do Bellingcat, depois que
os jornalistas chegaram à RCA, o coronel Konstantin

Pikalov, do Grupo Wagner, emitiu uma carta descrevendo como eles deveriam ser seguidos e espionados.

De acordo com a estação de televisão Dozhd, a empresa militar privada russa Patriot estava envolvida nos assassinatos.

Em janeiro de 2019, foi revelado que, de acordo com as evidências coletadas pelo *Centro de Dossiês* de Khodorkovsky, um major da Gendarmaria da África Central estava envolvido na emboscada. O major se comunicava regularmente com o motorista dos jornalistas no dia de seus assassinatos e se comunicava com frequência com um PMC Wagner que era um instrutor especializado em contra-vigilância e recrutamento na África Central. O policial também teria participado de um acampamento dirigido por instrutores militares russos na fronteira com o Sudão e mantido contato regular com PMCs russos após seu treinamento. A investigação dos assassinatos pelo *Dossier Center* foi suspensa dois meses depois devido à falta de participação de agências e organizações governamentais.

Yevgeny Prigozhin

Yevgeny Viktorovich Prigozhin, nascido em 1º de junho de 1961, é um oligarca russo, chefe de mercenários e ex-confidente próximo do presidente russo Vladimir Putin até lançar um suposto golpe em junho de 2023. Prigozhin é às vezes chamado de "o chef de Putin", pois é proprietário de restaurantes e empresas de bufê que prestam serviços ao Kremlin. Outrora um condenado na União Soviética, Prigozhin agora controla uma rede de empresas influentes, incluindo a empresa mercenária apoiada pelo Estado russo Wagner Group e três empresas acusadas de interferência nas eleições de 2016 e 2018 nos EUA. De acordo com uma investigação de 2022 realizada por Bellingcat, *The Insider* e *Der Spiegel*, as atividades de Prigozhin "estão fortemente integradas ao Ministério da Defesa da Rússia e ao seu braço de inteligência, o GRU".

Depois de anos negando seus vínculos com a Wagner, em 26 de setembro de 2022 ele confirmou que foi seu fundador. Ele declarou que a fundou em maio de 2014, para apoiar as forças russas na guerra em Donbas. Essa admissão foi motivada por um vídeo viral no qual Prigozhin foi mostrado em uma prisão de Mari El recrutando detentos, prometendo-lhes liberdade se servissem seis meses no Grupo Wagner.

Prigozhin negou por muito tempo seu papel na interferência russa nas eleições dos EUA. Em novembro de 2022, no entanto, ele admitiu seu papel em tais operações, dizendo que elas continuariam. Em fevereiro de 2023, ele declarou ser o fundador e gerente de longa data da Internet Research Agency, uma empresa russa acusada de operações de propaganda on-line.

Prigozhin, suas empresas e associados enfrentam sanções econômicas e acusações criminais nos Estados Unidos, e no Reino Unido ele continua sendo uma pessoa designada sob sanções. O FBI está oferecendo uma recompensa de até US$ 250.000 por informações que levem à prisão de Prigozhin. Em outubro de 2020, a União Europeia (UE) impôs sanções contra Prigozhin em conexão com seu financiamento das atividades do Wagner Group na Líbia. Em abril de 2022, novas sanções foram impostas a ele pela UE devido ao seu papel na invasão russa da Ucrânia.

Em 23 de junho de 2023, Prigozhin lançou uma rebelião contra a liderança militar russa e anunciou que estava movendo suas forças para a Rússia, capturando Rostov-on-Don antes de marchar sobre Moscou. Um processo criminal foi aberto contra ele, mas foi arquivado no mesmo dia; de acordo com o porta-voz do Kremlin, Dmitry Peskov, Prigozhin irá para Belarus como parte do acordo negociado da rebelião de seu PMC.

Início da vida

Prigozhin nasceu e cresceu em Leningrado (atual São Petersburgo), na União Soviética, em 1º de junho de 1961, filho de Violetta Prigozhina (russo: Виолетта Пригожина). Seu pai faleceu cedo, então sua mãe sustentou a ele e a sua avó doente trabalhando em um hospital local. Seu pai e seu padrasto eram descendentes de judeus.

Durante seus anos de escola, Prigozhin desejava ser um esquiador profissional de cross-country. Ele foi treinado por seu padrasto Samuil Zharkoy, que era instrutor do esporte, e frequentou um prestigiado internato de atletismo, no qual se formou em 1977. No entanto, sua carreira no esporte acabou não sendo bem-sucedida.

Em novembro de 1979, Prigozhin, de 18 anos, foi pego roubando e recebeu uma sentença suspensa. Dois anos depois, em 1981, ele foi novamente pego roubando e condenado a doze anos de prisão por roubo, fraude e envolvimento de adolescentes em crimes. Ele e vários cúmplices foram condenados por roubar apartamentos em bairros de luxo. Ele foi perdoado em 1988 e libertado em 1990. No total, ele passou nove anos na prisão.

Início da carreira e ascensão à proeminência

Depois de sair da prisão em 1990, Prigozhin começou a vender cachorros-quentes com sua mãe e seu padrasto no mercado ao ar livre Apraksin Dvor, em Leningrado. Logo, de acordo com uma entrevista do *New York Times* com ele, "os rublos estavam se acumulando mais rápido do que sua mãe conseguia contá-los". Após o colapso da União Soviética, Prigozhin seguiu o espírito empreendedor da época e fundou ou se envolveu em muitos novos negócios.

De 1991 a 1997, Prigozhin esteve fortemente envolvido no negócio de mercearias. Ele se tornou 15% acionista e gerente da Contrast, a primeira cadeia de supermercados de São Petersburgo, fundada por seu ex-colega de classe Boris Spektor.

Na mesma época, Prigozhin se envolveu no negócio de jogos de azar. Spektor e Igor Gorbenko trouxeram Prigozhin como CEO da Spectrum CJSC (em russo: ЗАО "Спектр"), que fundou os primeiros cassinos em São Petersburgo. Esse trio fundou muitas outras empresas ao longo da década de 1990 em vários setores, incluindo construção, pesquisa de marketing e comércio exterior. A *Novaya Gazeta* observa que pode ter sido nessa época que Prigozhin encontrou Vladimir Putin pela primeira vez, já que Putin era presidente do conselho de supervisão de cassinos e jogos de azar desde 1991.

Em 1995, Prigozhin entrou no ramo de restaurantes. Quando as receitas de seus outros negócios começaram a cair, Prigozhin persuadiu um diretor da Contrast, Kiril Ziminov, a abrir um restaurante com ele. Eles abriram o primeiro restaurante de Prigozhin: Old Customs House (em russo: Старая Таможня) em São Petersburgo. Em 1997, eles fundaram um segundo restaurante, o New Island, um restaurante flutuante que se tornou um dos pontos gastronômicos mais badalados da cidade.

93

Inspirados pelos restaurantes à beira-mar no Sena, em Paris, Prigozhin e Ziminov criaram o restaurante gastando US$ 400.000 para reformar um barco enferrujado no rio Vyatka. Ele disse que seus clientes "queriam ver algo novo em suas vidas e estavam cansados de comer apenas costeletas com vodca". Em 2001, Prigozhin serviu comida pessoalmente a Vladimir Putin e ao presidente francês Jacques Chirac quando eles jantaram no New Island. Ele recebeu o presidente dos EUA, George W. Bush, em 2002. Em 2003, Putin comemorou seu aniversário no New Island.

Ao longo da década de 2000, Prigozhin tornou-se mais próximo de Vladimir Putin. Em 2003, ele deixou seus parceiros de negócios e estabeleceu seus próprios restaurantes independentes. Notavelmente, uma das empresas de Prigozhin, a Concord Catering, começou a ganhar vários contratos governamentais. Ele recebeu centenas de milhões em contratos governamentais para alimentar crianças em idade escolar e funcionários do governo. Em 2012, recebeu um contrato de fornecimento de refeições para o exército russo no valor de US$ 1,2 bilhão ao longo de um ano. Alega-se que alguns dos lucros desse contrato foram usados para iniciar e financiar a Internet Research Agency.

Em 11 de dezembro de 2018, uma empresa que se dizia não afiliada à Concord Catering, chamada Msk LLC (em russo: ООО "Мск"), recebeu 2,5 milhões de rublos por um banquete anual do "Dia dos Heróis da Pátria" realizado no Kremlin. No entanto, a Msk LLC compartilha o mesmo número de telefone de contato com a Concord. Em 11 de dezembro de 2019, a empresa recebeu mais 4,1 milhões de rublos por outro banquete.

Em 2012, ele se mudou com a família para um complexo em São Petersburgo com uma quadra de basquete e um heliporto. Nessa época, ele possuía um jato particular e um iate de 115 pés. Desde então, Prigozhin tem sido associado a várias aeronaves, incluindo dois Cessna 182, bem como jatos Embraer Legacy 600, British Aerospace 125 e Hawker 800XP.

A Fundação Anticorrupção acusou Prigozhin de práticas comerciais corruptas. Em 2017, eles estimaram que sua riqueza ilegal valia mais de um bilhão de rublos. Alexei Navalny alegou que Prigozhin estava ligado a uma empresa chamada Moskovsky Shkolnik (estudante de Moscou) que forneceu alimentos de baixa qualidade para escolas de Moscou, o que causou um surto de disenteria em 2019. Prigozhin foi declarado o Corrupt Person of the Year de 2022 pelo Organized Crime and Corruption Reporting Project.

Grupo Wagner

Prigozhin é o fundador do polêmico contratante militar privado afiliado ao Kremlin, o Wagner Group. Em 26 de setembro de 2022, Prigozhin declarou que fundou o Wagner Group especificamente para apoiar as forças russas na guerra em Donbas, em maio de 2014. Desde então, suas atividades se expandiram para abranger muitas regiões da África e do Oriente Médio.

Mesmo antes de ser confirmado, já havia um relativo consenso entre a mídia russa e estrangeira de que Prigozhin era o fundador ou estava fortemente ligado a Wagner. O grupo era publicamente liderado por Dmitry Utkin, que já foi chefe de segurança de Prigozhin. Uma pessoa com o nome de Dmitry Utkin também foi listada como diretor geral da Prigozhin's Concord Management.

Em novembro de 2016, a empresa confirmou à mídia russa que o mesmo Dmitry Utkin que liderava o Wagner Group estava agora encarregado dos negócios de alimentos da Prigozhin. Em fevereiro de 2018, a Concord e a Prigozhin negaram qualquer conexão com a Wagner.

Em fevereiro de 2018, Wagner atacou as forças curdas apoiadas pelos EUA na Síria em uma tentativa de tomar um campo de petróleo. Durante o ataque aéreo retaliatório das forças armadas dos EUA, de 10 a 100 de seus mercenários foram mortos.

Em julho de 2018, três jornalistas russos que trabalhavam para uma organização de notícias que frequentemente criticava o governo russo foram assassinados na República Centro-Africana, onde estavam tentando investigar as atividades do Grupo Wagner naquele país. O governo russo havia iniciado uma colaboração com o presidente da República Centro-Africana em outubro de 2017. Em sua resposta aos assassinatos, o Ministério das Relações Exteriores da Rússia enfatizou que os jornalistas mortos estavam viajando sem credenciamento oficial.

Envolvimento na invasão russa da Ucrânia em 2022

97

Wagner também desempenhou um papel importante durante e antes da invasão russa da Ucrânia em 2022. Prigozhin chegou a viajar para o Donbas para supervisionar pessoalmente o progresso do grupo. Ele foi fotografado na linha de frente usando uniformes militares ao lado de Vitaly Milonov, membro da Duma russa.

Em agosto de 2022, o Grupo Wagner começou a usar outdoors para recrutar novos membros na Rússia. O ex-jornalista e observador do Grupo Denis Korotkov disse: "Parece que eles decidiram que não tentarão mais esconder sua existência".

Em setembro de 2022, um vídeo que vazou expôs Prigozhin tentando recrutar condenados para reforçar as forças russas na linha de frente da guerra contra a Ucrânia. Ele disse aos condenados que "ninguém volta para trás das grades" e, para aqueles que não se sentiam confortáveis com a ideia, "ou são prisioneiros ou seus filhos - vocês decidem". Embora o vídeo tenha sido filmado em uma colônia penal em Yoshkar-Ola para recrutar tropas de choque, há evidências de que condenados de uma colônia penal em São Petersburgo já haviam sido recrutados anteriormente.

Em 26 de setembro, Prigozhin voltou atrás em suas alegações anteriores de que não tinha nenhuma ligação com o grupo, divulgando uma declaração no site de mídia social russo VK na qual admitia que o havia fundado em maio de 2014 para "proteger os russos" quando "o genocídio da população russa de Donbas começou". Ele explicou que desempenhou um papel pessoal desde o início, alegando que "encontrou especialistas que poderiam ajudar" depois de "[limpar] as armas antigas e [separar] os coletes à prova de balas". Ele confirmou as alegações, anteriormente negadas pelo governo russo, de que o grupo havia se envolvido em outros países alinhados com os interesses russos no exterior, afirmando que os mercenários wagnerianos que "defenderam o povo sírio, outros povos de países árabes, africanos destituídos e latino-americanos se tornaram os pilares de nossa pátria".

Em 23 de outubro de 2022, Prigozhin disse que suas forças estavam fazendo avanços de 100 a 200 metros (330 a 660 pés) por dia, o que ele afirmou ser a norma para a guerra moderna. Ele elogiou os defensores ucranianos de Bakhmut, dizendo que "nossas unidades estão constantemente enfrentando a mais feroz resistência inimiga, e observo que o inimigo está bem preparado, motivado e trabalha com confiança e harmonia".

Em 13 de novembro de 2022, o Wagner Group divulgou um vídeo que mostrava seus mercenários usando uma marreta para executar Yevgeny Nuzhin, um desertor que teria sido devolvido aos russos em uma troca de prisioneiros. Prigozhin comentou: "Parece-me que esse filme deveria se chamar: 'A dog dies a dog's death'". "Foi um excelente trabalho de direção, assistido de uma só vez. Espero que nenhum animal tenha sido ferido durante as filmagens."

O coronel ucraniano aposentado Serhiy Hrabskyi sugeriu que o Grupo Wagner estava buscando glória ao capturar Bakhmut, já que Prigozhin estava pronto para colher recompensas monetárias e políticas significativas se Wagner capturasse a cidade em nome do governo russo. O próprio Prighozhin havia sugerido anteriormente que Wagner estava deliberadamente transformando Bakhmut em um "moedor de carne" para infligir pesadas baixas por atrito às forças ucranianas. Uma autoridade ocidental apresentou uma visão inversa, dizendo que a batalha está "dando à Ucrânia uma oportunidade única de matar muitos russos", devido a supostas táticas russas ruins.

Em 9 de abril, a Ucrânia alegou que o Grupo Wagner estava perdendo cerca de 100 pessoas por dia, "contando apenas os mortos", e que a Rússia foi forçada a enviar paraquedistas e brigadas motorizadas para a cidade devido às pesadas perdas que o grupo havia sofrido. O próprio Prigozhin admitiu mais tarde, em 30 de abril, que suas forças haviam perdido 94 homens mortos na cidade somente naquele dia, com outras 99 mortes nas ações ofensivas do dia seguinte. Mais uma vez, ele enfatizou que eles estavam sofrendo mais de cinco vezes mais perdas do que ele esperava.

Em 4 de maio de 2023, Prigozhin advertiu contra o uso de armas nucleares em resposta ao ataque de drones do Kremlin em 2023, dizendo que "parecemos palhaços ameaçando usar armas nucleares em resposta ao drone de uma criança".

Reclamações e conflitos

Em 1º de outubro de 2022, ele disse sobre os comandantes do exército russo que "todos esses
101

bastardos deveriam ser enviados para a frente de batalha descalços, apenas com uma submetralhadora". Ele chamou os membros do parlamento russo controlado por Putin de "inúteis" e disse que os "deputados deveriam ir para o front", acrescentando que "essas pessoas que têm falado das tribunas há anos precisam começar a fazer alguma coisa". O *Washington Post* informou que Prigozhin foi uma das poucas pessoas que se atreveu a contar a Putin sobre os "erros" dos comandantes militares russos na guerra na Ucrânia.

Em 5 de maio de 2023, ele anunciou que, devido à falta de munição, seus combatentes deixariam Bakhmut em 10 de maio de 2023 e entregariam suas posições a unidades do Ministério da Defesa da Rússia se não recebessem mais munição. Ele culpou o ministro da Defesa russo, Sergei Shoigu, e o chefe das Forças Armadas russas, general Valery Gerasimov, pelas "dezenas de milhares" de baixas em Wagner, dizendo: "Eles vieram para cá como voluntários e estão morrendo para que vocês possam se sentar como gatos gordos em seus escritórios de luxo".

Em maio de 2023, ele condenou o estilo de vida luxuoso dos filhos das principais autoridades russas e, em particular, destacou o genro de Shoigu, Alexey Stolyarov, por não ter se alistado no exército russo. Prigozhin reclamou que "os filhos das elites se sufocam com cremes e mostram isso no Instagram, YouTube e assim por diante, enquanto os filhos das pessoas comuns voltam para casa despedaçados em caixões revestidos de zinco".

Em 27 de maio de 2023, Igor Girkin acusou Prigozhin de conspirar para usar o grupo de Wagner para organizar um golpe na Rússia e que Prigozhin estava violando ativamente as leis russas de censura de guerra de 2022 ao reclamar do alto comando russo, e que suas forças estavam praticamente em estado ativo de motim. Em 29 de maio, Prigozhin declarou que Wagner não tinha as forças necessárias para realizar um golpe. Em vez disso, ele sugeriu que Shoigu poderia estar tramando um golpe.

Rebelião de junho de 2023

Em um vídeo divulgado em 23 de junho de 2023, Prigozhin disse que as justificativas do governo russo para a invasão russa da Ucrânia eram baseadas em mentiras. Ele acusou o Ministério da Defesa russo, sob o comando de Shoigu, de "tentar enganar a sociedade e o presidente e nos dizer que houve uma agressão louca da Ucrânia e que eles estavam planejando nos atacar com toda a OTAN".

Em 23 de junho de 2023, Prigozhin afirmou que as forças armadas russas regulares haviam lançado ataques com mísseis contra as forças de Wagner, matando um número "enorme" de pessoas. Ele pediu uma resposta, declarando: "O conselho de comandantes da PMC Wagner tomou uma decisão - o mal que a liderança militar do país traz deve ser interrompido". Em resposta, o Serviço Federal de Segurança da Rússia (FSB) apresentou acusações criminais contra Prigozhin por incitar uma rebelião armada. Posteriormente, o PMC Wagner se retirou da Ucrânia, ocupou a cidade russa de Rostov-on-Don e se dirigiu a Moscou. Durante o conflito, Wagner abateu um avião de combate Ilyushin Il-22 e vários helicópteros militares. O presidente Putin classificou a ação como traição e prometeu acabar com a revolta.

Após conversas entre Prigozhin e o presidente da Bielorrússia, Alexander Lukashenko, as acusações foram retiradas e Wagner cessou sua marcha sobre Moscou. Como parte do acordo, Prigozhin se mudará para Belarus e as tropas de Wagner retornarão à Ucrânia. Apesar de suas acusações terem sido retiradas, Prigozhin ainda está sendo investigado por traição.

Interesses da África

Ao longo de 2018, Prigozhin estabeleceu vários interesses na África por meio do Wagner Group e de aproximadamente 100 a 200 consultores políticos. Ele se envolveu em países como Madagascar, República Centro-Africana (RCA), República Democrática do Congo, Angola, Senegal, Ruanda, Sudão, Líbia, Guiné, Guiné-Bissau, Zâmbia, Zimbábue, Quênia, Camarões, Costa do Marfim, Moçambique, Nigéria, Chade, Sudão do Sul e África do Sul. Pyotr Bychkov (russo: Петр Александрович Бычков) é supostamente responsável por coordenar a "expansão da África" de Prigozhin. De acordo com um artigo *do Kommersant de* 20 de abril de 2018, Yaroslav Ignatovsky (russo: Ярослав Ринатович Игнатовский; nascido em 1983, Leningrado) dirige o Politgen (russo: "Политген") e é um estrategista político que coordenou os esforços dos trolls para Prigozhin na África.

Em março de 2020, foi revelado que Prigozhin havia ajudado financeiramente Saif al-Islam Gaddafi, filho do falecido líder líbio Muammar Gaddafi, em sua candidatura para a próxima eleição presidencial da Líbia.

República Centro-Africana

Desde o início de 2018, a *Lobaye Invest*, empresa associada à Prigozhin, extrai diamantes, ouro e outros minerais na prefeitura de Lobaye. Faustin-Archange Touadera, o presidente da República Centro-Africana, viajou para a Rússia no outono de 2017 para se reunir com Sergey Lavrov em Sochi e em junho de 2018 para se reunir com Vladimir Putin em São Petersburgo. O conselheiro de segurança nacional de Touadera, Valery Zakharov (em russo: Валерий Захаров), aumentou a presença russa na RCA ao permitir que cinco conselheiros militares russos e 170 empreiteiros russos trabalhassem a partir de janeiro de 2018 perto de Bohangui, em Berengo, que é o antigo palácio de Jean-Bédel Bokassa e fica 60 quilômetros a sudoeste de Bangui.

Desde dezembro de 2017, o Processo Kimberley permitiu a extração de diamantes no sudoeste da RCA. Sob o comando do diretor-gerente Evgeny Khodotov (em russo: Евгений Ходотов), que está associado à segurança de Touadera por meio da empresa *Sewa Security Service*, a Lobaye Invest foi fundada por meio da M-Invest por Dmitry Syty (em russo: Дмитрий Сытый) e é uma subsidiária da M-Finance, fundada por Prigozhin. Na noite de 31 de julho de 2018, três jornalistas russos, Alexander Rastorguev, Orhan Dzhemal e Kirill Radchenko (russo: Кирилл Радченко), que foram enviados pelo Centro de Gerenciamento de Investigações (SDG) patrocinado por Mikhail Khodorkovsky (russo: Центр управления расследованиями (ЦУР)), foram mortos ao norte de Sibut enquanto investigavam as operações da Lobaye Invest e os interesses russos no leste da RCA no campo de ouro de Ndassima para um filme a ser lançado.

Em 15 de abril de 2019, Putin enviou 30 soldados russos como parte de uma missão da ONU na RCA para apoiar os interesses do Lobaye Invest. A partir de 18 de dezembro de 2020, várias centenas de russos com armas pesadas apoiaram uma ofensiva em Bangui que incluía contingentes de tropas de Ruanda. Em 27 de maio de 2021, três russos foram mortos quando uma bomba à beira da estrada explodiu. De 2012 a maio de 2021, de acordo com a DW, estima-se que de 800 a 2.000 mercenários russos tenham lutado na RCA.

Agência de pesquisa na Internet

Prigozhin financiou e dirigiu uma rede de empresas, incluindo uma empresa chamada Internet Research Agency Ltd. (em russo: ООО "Агентство интернет-исследований"), a Concord Management and Consulting Company e uma outra empresa relacionada. As três empresas são acusadas de trollagem na Internet e de tentar influenciar as eleições presidenciais de 2016 nos EUA e outras atividades para influenciar eventos políticos fora da Rússia.

O jornalista russo Andrey Soshnikov relatou que Alexey Soskovets, que havia participado da comunidade política jovem russa, estava diretamente ligado aos escritórios da Internet Research em Olgino. Sua empresa, a North-Western Service Agency, ganhou 17 ou 18 (de acordo com diferentes fontes) contratos para organizar celebrações, fóruns e competições esportivas para autoridades de São Petersburgo. A agência foi a única participante em metade dessas licitações. No verão de

2013, a agência venceu uma licitação para fornecer serviços de frete para participantes de um acampamento Seliger.

Em fevereiro de 2023, Prigozhin declarou que fundou a IRA: "Nunca fui apenas o financiador da Internet Research Agency. Eu a inventei, eu a criei e a gerenciei por muito tempo". A admissão veio meses depois de Prigozhin ter admitido a interferência russa nas eleições dos EUA.

Spin offs

As campanhas contra a oposição em 2013 envolveram Dmitry Bykov e a então chefe da RIA Novosti, Svetlana Mironyuk, enquanto uma página inicial que alegava combater notícias falsas (*Gazeta O Gazetah*) foi usada para espalhar notícias falsas.

Sanções internacionais

Em dezembro de 2016, o Departamento do Tesouro dos EUA designou Prigozhin de acordo com a E.O. 13661 para sanções por fornecer apoio a altos funcionários da Federação Russa.

109

Em junho de 2017, as sanções dos EUA foram impostas a uma das empresas de Prigozhin, a Concord Management and Consulting, em conexão com a guerra no leste da Ucrânia.

Em janeiro de 2018, o Departamento do Tesouro dos EUA também designou a Evro Polis Ltd para sanções. A Evro Polis é uma empresa russa que fez um contrato com o governo da Síria para proteger os campos de petróleo sírios em troca de uma participação de 25% na produção de petróleo e gás dos campos. A empresa foi designada por ser de propriedade ou controlada por Prigozhin. As sanções exigem que qualquer propriedade ou interesse em propriedade das pessoas designadas em posse ou controle de pessoas dos EUA ou dentro dos Estados Unidos seja bloqueado. Além disso, as transações de pessoas norte-americanas envolvendo essas pessoas (incluindo empresas) são geralmente proibidas.

Em setembro de 2019, mais três empresas Prigozhin (Autolex Transport, Beratex Group e Linburg Industries) foram sancionadas em conexão com a interferência russa nas eleições de 2016 nos Estados Unidos.

Em fevereiro de 2022, a Internet Research Agency foi adicionada à lista de sanções da União Europeia por realizar campanhas de desinformação para manipular a opinião pública e "apoiar ativamente ações que minam e ameaçam a integridade territorial, a soberania e a independência da Ucrânia".

De acordo com os Estados Unidos, as atividades de Prigozhin de interferir em eleições e subverter a opinião pública são estendidas a países asiáticos e africanos.

A Prigozhin também está sujeita a sanções impostas pela Austrália, União Europeia, Canadá, Japão, Suíça e Reino Unido.

Acusações criminais nos EUA

Em 16 de fevereiro de 2018, Prigozhin, a Internet Research Agency, a Concord Management, outra empresa relacionada e outros indivíduos russos conectados foram indiciados por um grande júri dos EUA. Ele foi acusado de financiar e organizar operações com o objetivo de interferir nos processos políticos e eleitorais dos EUA, incluindo a eleição presidencial de 2016, e outros crimes, incluindo roubo de identidade. As acusações contra a Concord

Management foram rejeitadas com prejuízo em 16 de março de 2020.

Em fevereiro de 2021, Prigozhin foi adicionado à lista de procurados do FBI (Federal Bureau of Investigation).

Em fevereiro de 2022, os Estados Unidos impuseram restrições de visto e congelaram os bens de Prigozhin e sua família, devido à invasão russa da Ucrânia em 2022.

Em julho de 2022, o Departamento de Estado dos EUA ofereceu uma recompensa de até US$ 10 milhões por informações sobre Prigozhin, a Internet Research Agency e outras entidades envolvidas na interferência eleitoral dos EUA em 2016.

Em 7 de novembro de 2022, Prigozhin disse que havia interferido nas eleições dos EUA e que continuaria a interferir no futuro.

Apoio financeiro para Maria Butina em 2019

Em maio de 2019, Maria Butina (acusada de agir nos Estados Unidos como agente de um governo estrangeiro, especificamente da Federação Russa) pediu ajuda para pagar os honorários de seu advogado. Em fevereiro de 2019, Valery Butin, pai de Butina, disse ao *Izvestia* que ela devia 40 milhões de rublos (US$ 659.000) a seus advogados nos EUA. Por meio do Fundo Prigozhin para a Proteção dos Valores Nacionais, administrado por Petr Bychkov, 5 milhões de rublos foram doados para os custos do advogado de defesa de Butina.

Vida pessoal

Prigozhin é casado com Lyubov Valentinovna Prigozhina, farmacêutica e empresária. Ela é proprietária de uma rede de butiques conhecida como *Museu do Chocolate* (em russo: "Музей шоколада") em São Petersburgo. Em 2012, ela fundou o *Crystal Spa & Lounge*, um day spa localizado na rua Zhukovsky, em São Petersburgo, que ganhou um prêmio de terceiro lugar em 2013 pelo Perfect Urban Day Spa. Ela é proprietária de um centro de bem-estar na região de Leningrado e de um hotel boutique chamado *Crystal Spa & Residence*, que ganhou o prêmio Perfect Spa Project em 2013. Ela é proprietária da New Technologies SPA LLC (em russo: ОООО "Новые технологии СПА"), localizada no lote 1 da rua Granichnaya, no Parque Lakhta, Sestroretsk, distrito de

Kurortny, São Petersburgo. Ela também é proprietária da Agat, parte do grupo Concord (em russo: Агат).

O casal tem duas filhas: Polina (russo: Полина), nascida em 1992 e Veronika (russo: Вероника), nascida em 2005, e um filho Pavel (russo: Павел), nascido em 1996 ou 1998. Até a invasão da Ucrânia, os filhos de Prigozhin podiam se deslocar livremente pela União Europeia. Em 20 de fevereiro de 2022, a filha de Prigozhin, Veronika, participou de competições equestres na Espanha.

A mãe de Prigozhin, Violetta Prigozhina, é ex-médica e educadora, e a atual proprietária legal da Concord Management and Consulting LLC (russo: ООО "Конкорд менеджмент и консалтинг") desde 2011, Etalon LLC (russo: ООО "Эталон") desde 2010, e Credo LLC (russo: ООО "Кредо") desde 2011.

Todos os membros da família acima foram sancionados pela União Europeia, pelos Estados Unidos, pela Ucrânia e por muitos outros países devido ao envolvimento de Prigozhin na invasão da Ucrânia pela Rússia.

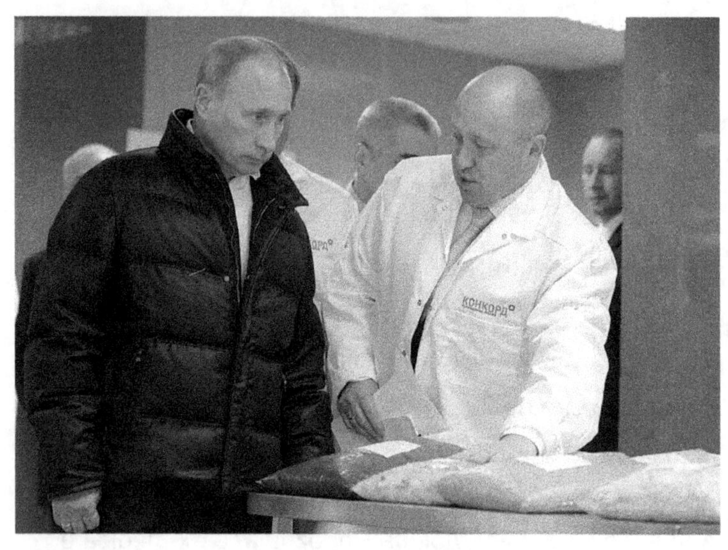

115

www.ingramcontent.com/pod-product-compliance
Lightning Source LLC
LaVergne TN
LVHW010018200726
843495LV00015B/1819